ケースブック
価値共創とマーケティング論

村松潤一［編著］
Muramatsu Junichi

同文舘出版

まえがき

　本書は,『価値共創とマーケティング論』(村松潤一編著,同文舘出版,2015年)で示された価値共創及び価値共創マーケティングの考え方に基づき,その具体的な事例を示すことで,それらに対する理解を深めようとするものである。

　今日,学界,実務界を問わず,価値共創に対する関心が急速に高まりつつある。しかし,価値共創そのものに対する捉え方は,必ずしも同じではない。本書は,いうまでもなく,マーケティングの理論と実践という立場から,価値共創を捉えている。したがって,そこで示す必要があるのは,価値共創及び価値共創マーケティングが,これまでのマーケティングの理論,実践とどのように異なるかという点にある。

　周知のように,マーケティングは20世紀の初頭に生まれ,その後,マネジメントの視点から体系化され,Kotlerの諸説をその頂点とする4Psマーケティングとして定着した。しかし,社会科学が時空間から制約を受けることを考えるなら,これまでのマーケティングは,いわば,20世紀アメリカの工業社会におけるマーケティングであった。しかし,今日,世界を見渡せば,そこには明らかに異なる状況が存在しているのであり,新しいマーケティングが必要とされている。

　事実,マーケティングが対象としてきた市場取引,そして,より具体的には,取引相手である消費者の関心は,すでに所有から使用へ,また,物の豊かさから心の豊かさに移ってきており,消費者によるモノの所有に焦点をあててきたこれまでのマーケティングでは,そのことに対応できない。少なくとも,先進諸国においては,新しい視点に立った,いわば21世紀のマーケティングが求められている。

　価値共創及び価値共創マーケティングの考え方は,まさに新しい時代に相応

しいものであり，その早急なる理解と普及が望まれている。というのも，それは，モノではなくサービスに軸足をおき，さらに，サービスをモノと見なすのではなく，プロセスとして捉えているからである。そして，そのプロセスは，顧客の消費プロセスで同時展開されるのであり，生産から流通を経て市場までを対象としてきたこれまでのマーケティングは，今日，その考え方を大きく変えざるを得なくなってきている。

すなわち，『価値共創とマーケティング論』では，価値共創とは「顧客の消費プロセスで行われる企業と顧客の直接的な相互作用」と捉えられており，その際の直接的な相互作用の一翼を企業はマーケティング行為として担うのである。したがって，企業は4Cアプローチに基づいて価値共創を行っていくことができる。4Cアプローチとは，contact, communication, co-creation, value-in-context からなるもので，顧客との価値共創を行おうとする企業が踏むべき手順を示したものである。すなわち，企業は顧客とどのような接点 (contact) を持ち，そこで，どのようなコミュニケーション (communication) を図り，どのような共創 (co-creation) を行うか，その結果，どのような文脈価値 (value-in-context) を創り出すか，が問われることになる。したがって，この4Cアプローチは，企業による価値共創マーケティングを分析する視点ともなる。

そして，そうした価値共創のためのマーケティング行為を支える企業システムを価値共創型企業システムという。また，マーケティングの本質は，市場創造と統合にあるが，価値共創型企業システムは，顧客との共創領域を拡大することで創造性が確保され，そこで展開される価値共創を企業システムとして構築するには，マーケティングのもう1つの本質的な機能である統合が大きな意味を持ってくる。つまり，価値共創を支えるには，企業における内部統合，企業間における外部統合が不可欠だからである。さらに，こうした企業システムが，それぞれの企業文化によってもたらされるのはいうまでもない。言い換えれば，サービスをプロセスとして捉える以上，価値共創マーケティングにおけるヒトの重みは非常に高いといえ，そのことが，それぞれの企業特性を生み出すことになる。

最後になったが，私どもの価値共創及び価値共創マーケティング研究に深い理解をいただき，日頃，お世話になっている同文舘出版の取締役編集局長の市川良之氏には，今回もまた本書の出版で大変お世話になった。心より感謝する次第である。

　2016年1月

村 松 潤 一

目　　次

まえがき

第1章　価値共創とは何か ―――――――――――――― 1

第1節　はじめに……………………………………………………………1

第2節　S-Dロジック，Sロジックとマーケティング………………………2

 1. マーケティングからみたS-Dロジック　*2*

 2. マーケティングからみたSロジック　*3*

 3. S-Dロジック，Sロジックと新しいマーケティングへの示唆　*5*

第3節　価値共創，マーケティング，企業システム………………………9

 1. 価値共創と価値共創マーケティング　*9*

 2. 価値共創型企業システム　*11*

 3. 鍵概念―情報の逆非対称性　*12*

第4節　研究課題……………………………………………………………13

 1. 4つの課題　*13*

 2. 研究の進め方　*15*

第5節　おわりに……………………………………………………………16

第2章　製造業における価値共創の事例研究 ―――――― 19
―コマツ KOMTRAX―

第1節　はじめに……………………………………………………………19

 1. 背景および問題意識　*19*

 2. 研究目的および研究方法　*19*

 3. 先行研究レビュー　*20*

第2節　事例研究……………………………………………………………21

 1. コマツの概要　*22*

2. KOMTRAXの仕組み　*22*
　　3. プロセスに関するインタビュー調査　*23*
　第3節　考　　察 ……………………………………………………25
　　1. 価値共創の流れ　*25*
　　2. 価値共創に関するメーカーのバックアップ体制　*26*
　　3. 4つの課題への対応　*27*
　　4. 使用現場にさらに踏み込んだ取組み　*29*
　第4節　おわりに ……………………………………………………30

第3章　医療用医薬品を扱う製薬企業における価値共創と医療サービス ― 33
　　　　　―エーザイの事例から―

　第1節　はじめに ……………………………………………………33
　　1. 背景，問題意識，目的　*33*
　　2. 先行研究，研究方法　*34*
　第2節　事例研究 ……………………………………………………35
　　1. 製薬企業における医療サービスの概要　*35*
　　2. エーザイの企業概要　*37*
　　3. 全社的な価値創造活動　*37*
　　4. SECIモデルによる知識創造活動　*38*
　　5. 医療従事者や患者との接点確保の重要性　*39*
　　6. 事例研究のまとめ　*40*
　第3節　考　　察 ……………………………………………………41
　　1. 知識創造から価値創造への連携　*41*
　　2. 医療サービスにおける価値共創マーケティング　*42*
　　3. ナラティブ・アプローチの視点からの分析　*43*
　第4節　おわりに ……………………………………………………45
　　1. 結論とインプリケーション　*45*
　　2. 課題と展望　*46*

第4章　BtoC，BtoBで同時展開される価値共創マーケティング ── 49
　　　　　─オタフクソースの事例から─

　第1節　はじめに……………………………………………………………49
　第2節　事 例 研 究…………………………………………………………51
　　　1. オタフクソースの概要　*51*
　　　2. 企業理念と組織体制　*52*
　　　3. 最終消費者に対する価値共創マーケティング　*54*
　　　4. 事業者に対する価値共創マーケティング　*56*
　第3節　考　　　察…………………………………………………………59
　　　1. 価値共創型企業システムの構築　*59*
　　　2. 消費財メーカーによる最終消費者の使用への関与　*60*
　　　3. BtoB，BtoCで最終消費者の消費プロセスへ関与　*60*
　第4節　お わ り に…………………………………………………………61

第5章　ハーレーダビッドソンにおける価値共創 ──────── 65
　　　　　─ユーザーと他の主体間関係から─

　第1節　はじめに……………………………………………………………65
　　　1. 目　　　的　*65*
　　　2. 研究の枠組み　*66*
　第2節　事 例 研 究…………………………………………………………67
　　　1. 全 体 像　*67*
　　　2. メーカーとユーザーの関係①　*69*
　　　3. ディーラーとユーザーの関係②　*70*
　　　4. メーカーとディーラーの関係③　*71*
　　　5. ユーザー群とユーザーの関係④　*72*
　　　6. カスタムショップとユーザーの関係⑤　*73*
　第3節　考　　　察…………………………………………………………74
　第4節　お わ り に…………………………………………………………77
　　　1. 結論とインプリケーション　*77*
　　　2. 課題と展望　*78*

第6章　ネッツトヨタ南国における顧客との価値共創 ―― 81

第1節　はじめに……………………………………………………81
1. 背景と問題意識　*81*
2. 研究の方法　*83*

第2節　事例研究………………………………………………………83
1. ネッツトヨタ南国の概要　*83*
2. 経営理念と価値観を共有できる人材育成の取組み　*85*
3. 同社における価値共創マーケティング　*86*

第3節　考　　察………………………………………………………92

第4節　お わ り に………………………………………………………95

第7章　小売業における価値共創マーケティング ―― 97
―ヤオコーの事例―

第1節　はじめに……………………………………………………97
1. 背景，問題意識，目的　*97*
2. 先行研究と研究方法（フレームワーク）　*98*

第2節　事例研究………………………………………………………100
1. ヤオコーの概要　*100*
2. 具体的な事例分析（含む調査方法）　*102*

第3節　考　　察………………………………………………………107
1. 顧客の消費プロセスで行うマーケティング（価値共創マーケティング）の実態　*107*
2. 共創される文脈価値のプロセス解明　*108*
3. 地域社会における小売業の果たす社会的役割の重要性　*108*

第4節　お わ り に………………………………………………………109
1. 結論，インプリケーション　*109*
2. 課題と展望　*110*

第8章　顧客接点を通じた価値共創マーケティング ─── 113
─島村楽器の事例から─

- 第1節　はじめに……………………………………………………113
  1. 問題意識と研究目的　*113*
  2. 研究方法　*114*
- 第2節　事 例 研 究………………………………………………115
  1. 島村楽器の概要　*115*
  2. 音楽教室における価値共創　*116*
  3. 小売店舗における価値共創　*117*
  4. イベントを通じた価値共創　*120*
- 第3節　考　　　察………………………………………………121
  1. 消費プロセスの再考　*121*
  2. ミュージックライフにおける価値共創マーケティング　*122*
  3. 価値共創と価値共創マーケティング　*123*
- 第4節　おわりに…………………………………………………125
  1. 結論とインプリケーション　*125*
  2. 課題と展望　*126*

第9章　通販型保険に見る価値共創プロセスと相互作用 ─── 127
─アメリカン・ホーム・ダイレクトの事例から─

- 第1節　はじめに…………………………………………………127
  1. 本研究の背景と目的　*127*
  2. 先行研究と分析フレームワーク　*128*
- 第2節　事例研究：アメリカン・ホーム・ダイレクト……………129
  1. 企業概要　*129*
  2. 市場環境と経営課題　*129*
  3. サービスの知覚プロセスおよび顧客との相互作用による価値共創プロセス　*131*
- 第3節　考　　　察………………………………………………135
- 第4節　おわりに…………………………………………………139

第10章 「顧客目線」を起点とした文脈価値の可能性 ―― 141
―大垣共立銀行における価値共創へのマーケティング―

第1節 はじめに……………………………………………………141
　1. 背景，問題意識，目的　*141*
　2. 先行研究と分析視点　*142*

第2節 事 例 研 究…………………………………………………143
　1. 事例研究＝大垣共立銀行の概要　*143*
　2. 変革への起点　*145*
　3. ATMを介した「顧客接点」の拡張・利用内容の多様化　*145*
　4. 顧客との関係構築①：「サンクスポイント・プレゼント」制度の導入　*147*
　5. 顧客との関係構築②：店舗展開でのサービス拠点化　*148*
　6. 顧客を資源とした価値開発①：女性向けの商品開発を支える内部改革　*148*
　7. 顧客を資源とした価値開発②：手のひら認証「ピピット」　*149*
　8. 社会(地域)レベルでの顧客参加への展開　*150*

第3節 考察―顧客の消費プロセスでのマーケティング展開―………152

第4節 おわりに……………………………………………………154

第11章 えちぜん鉄道にみる共創プロセスの可能性 ―― 157

第1節 はじめに……………………………………………………157

第2節 事 例 研 究…………………………………………………158
　1. 企業概要　*158*
　2. えちぜん鉄道開業の経緯　*159*
　3. 二度の事故から学んだこと　*160*
　4. 「地域共生型のサービス企業」へ　*162*
　5. アテンダントの誕生　*163*
　6. アテンダントの実際　*165*
　7. 小　括　*166*

第3節 考　　　察……………………………………………………167

第4節 おわりに……………………………………………………169

第12章 ホスピタリティ産業の価値共創と企業システム ── 171
―ホテル・ラ・スイート神戸と吉井旅館の事例―

第1節 はじめに……………………………………………………171
  1. 問題意識と目的　*171*
  2. 課題とフレームワーク　*172*
第2節 事 例 研 究……………………………………………………173
  1. 事例1：ホテル ラ・スイート神戸ハーバーランド　*173*
  2. 事例2：倉敷美観地区の吉井旅館　*174*
  3. 事例をフレームワークで考察　*176*
第3節 課題の考察……………………………………………………179
  1. 課題1の考察　*179*
  2. 課題2の考察　*180*
  3. 課題を通した議論　*182*
第4節 おわりに―残された課題―………………………………183
  1. 「motenashi」と「おもてなし」の違い　*183*
  2. インターナル・マーケティングと組織能力の接続　*184*

第13章 テーマパークの価値共創と組織運営 ─────── 187
―株式会社ユー・エス・ジェイ（USJ）の事例―

第1節 はじめに……………………………………………………187
  1. 問題意識と目的　*187*
  2. 課題とフレームワークの設定　*188*
第2節 USJ の事例…………………………………………………189
  1. USJ の概要　*189*
  2. 価値共創戦略の推進　*190*
  3. フレームワークを通した考察　*191*
第3節 考　　察……………………………………………………193
  1. 組織運営の変化　*193*
  2. サービスのロジックで考察　*195*
第4節 おわりに……………………………………………………198
  1. インプリケーション　*198*

  2.　残された課題と展望　*198*

第14章　消費者の使用文脈に関する探索的研究 ── 201
―ミニバンを使用するファミリーの事例から―

 第1節　は じ め に……………………………………………201
  1.　問題と目的　*201*
  2.　事例の選定　*202*
  3.　研究アプローチの選定　*203*
  4.　調査の手続き　*204*
  5.　分析の手続き　*204*
 第2節　事 例 研 究……………………………………………205
 第3節　考　　　察……………………………………………209
 第4節　お わ り に……………………………………………211
  1.　本研究のインプリケーション　*211*
  2.　本研究の今後の課題　*212*

参考文献一覧 ──────────────────── 215

あとがき ──────────────────────── 221

索　　引 ──────────────────────── 223

執筆者紹介 ─────────────────────── 227

ケースブック
価値共創とマーケティング論

第 1 章

価値共創とは何か

第 1 節　はじめに

　今日，マーケティング研究において価値共創という考え方に注目が集まっているが，その契機となったのは，いうまでもなく，Vargo and Lusch [2004] による S-D ロジック（Service-Dominant logic）の提唱であり，それを受けて示された Grönroos [2006] による S ロジック（S logic）である。もちろん，マーケティング研究以外の分野においても共創あるいは価値共創に関する研究がなされている。しかし，本書が取り上げる価値共創の考え方は，それらと同じではない。改めるまでもなく，マーケティングには，固有の問題意識，研究と方法，理論と実践の対象があり，ここでは，あくまでもマーケティングの視点から価値共創についてみていく。

　そして，そのために，最も重要なことは，これまでのマーケティングからみて，価値共創という考え方が，どのように位置付けられるか，また，そこから，どのように新しいマーケティングを描くことができるかにある。

　この点に関していうなら，価値共創及び価値共創マーケティングという考え方は，100 余年の歴史を持つこれまでのマーケティングとは，全く異なるものであり，そこには広大な領域が，まさに手つかずの状態になっている。すなわ

ち，これまでのマーケティングは，企業の生産プロセスですべてを考え，行うものであり，価値を企業が事前に決めるという意味で，いわば価値を所与としたマーケティングであったといえ，そのゴールは，流通を経た市場でのより良い交換にあった。これに対して，新しいマーケティングの時空間は，顧客の消費プロセスにあり，価値はそこで顧客と共創される。そして，この消費プロセスにおける企業と顧客の相互作用の一翼としてマーケティングが存在する。

そこで本章では，まず，S-Dロジック，そして，Sロジックから，新しいマーケティングの構築に有用と思われる諸点を明らかにし，それらがマーケティングにどのような影響を与えるかについて述べる。そして，そこから，価値共創及び価値共創マーケティングの考え方を改めて示し，さらに価値共創型企業システムについても言及する。最後に，価値共創及び価値共創マーケティングの理論的体系および実践手法を構築していくための研究課題について述べる。つまり，これまであまり関心が寄せられてこなかった顧客の消費プロセスに光をあてることで，新しいマーケティングの理論と実践に結び付けるための道筋を示すことにする。

第2節　S-Dロジック，Sロジックとマーケティング

1.　マーケティングからみたS-Dロジック

もともと，S-Dロジックの狙いは，マーケティングにおける交換をどう捉えるかにあったといえる。というのも，S-Dロジックでは，メーカーは自身のナレッジとスキルを生産に適用し，顧客は使用時に自身のナレッジとスキルを適用することで価値が共創されると述べており（Vargo,Maglio and Akaka [2008]），サービスの適用を捉えるレベルは，極めて高い。言い換えれば，我々の社会において，実は広く交換が行われており，その全体を価値共創として捉えることができる。

しかし，そこから，直ちに企業の行うマーケティングのための新しい方向性を見出すことはできない。それでは，S-Dロジックから，何を学ぶことで，新しいマーケティングを考え出すことができるか。これまでのマーケティングを超えるためのいくつかの論点をS-Dロジックの主張から導き出すなら，次の3つが考えられる。

① 価値は，交換後に生み出される。
② 価値は，文脈価値として顧客によって独自に判断される。
③ 顧客は，オペラントな存在として捉えられる。

これらのことからわかるのは，S-Dロジックが，北米で生まれたマーケティングをそのままに，モノに焦点を置いたマーケティングを前提としていることである。すなわち，ここでいう交換は，モノとカネの市場での等価交換を指しており，交換後とは，顧客がモノを使用する段階を意味している。さらに，こうした北米型マーケティングのもとでは，サービスはモノと同じように見なすサービシィーズとして取り扱われてきた。

つまり，価値は，企業が創り出し，また，判断するものとして理解され，そのためのマーケティングが理論化され，実践されてきた。要するに，流通を経た市場での交換を含む広義の生産プロセスこそがマーケティングが行われる時空間だったのである。そして，その際に，顧客は操作されるというオペランド資源として捉えられてきた。以上のことを踏まえるなら，S-Dロジックが新たに焦点をあてた時空間のもとでは，これまでとは異なるマーケティングが成立することが予感される。とりわけ，顧客が操作するというオペラントな存在として捉えられ，また，価値が，交換後の使用や経験の中で，すなわち，消費プロセスにおいて生まれるとしたことは，サービスをサービシィーズとしてではなく，プロセスとして理解することに他ならず，それは企業と顧客の関係を新しく捉え直すことを意味している。

2. マーケティングからみたSロジック

端的にいえば，Sロジックは，サービスにモノを引き込む考え方であり

(Grönroos [2006])。一方，S-Dロジックは，むしろ，モノをサービスに寄せて考えるものである（村松 [2015b]）。

　北米型マーケティングは，モノのマーケティングとして成立し，その後，サービシィーズとしてサービスを取り込み，そして，展開していく中で，最近，モノとサービシィーズに共通するプロセスとしてのサービスに注目した。これに対して，当初より，プロセスとしてサービスを捉えてきたのが，Grönroosを初めとした北欧学派であり，そうした考え方に立脚しているのがＳロジックである。したがって，プロセスとしてのサービス研究については，明らかに北欧学派の方が進んでいる。そして，マーケティングへの接続という視点から，有用と思われるＳロジックの論点をあげるなら，次のようになる。

　①　顧客は価値創造者，企業は価値促進者として捉えられる。
　②　顧客と企業は，直接的な相互作用関係にある。
　③　拡張された消費概念によって消費プロセスの時空間に広がりが得られる。

　サービスをプロセスとして捉えるということは，モノあるいはサービシィーズとは異なり，企業がそれを事前に用意することはできず，サービスに対する判断が顧客に委ねられることになる。企業と顧客は，与え手と受け手の関係にあり，サービスのプロセスは，顧客によって開始され，評価・判断され，終結される。そこには，価値創造者として理解される顧客がまずもって存在し，それを支援する企業が価値促進者となる。こうしたサービスの本質からもたらされる企業と顧客の関係は，新しいマーケティングを論じる場合に，極めて重要となる。言い換えれば，顧客は価値を創造するにあたり，自身のナレッジとスキルが不足する場合に企業からのサービスを受けるのである。そして，そこでのプロセスにおいて，サービスは，企業と顧客の直接的な相互作用関係のもとで提供される。つまり，企業のマーケティング行為がそこにこそ見出されるのであり，この点において，Ｓロジックはマーケティングの理論と実践に繋げやすい。

　さらに，Ｓロジックにおいては，拡張された消費概念が提示されており，そこには，顧客の価値創造に影響するすべての要素が含まれる（Grönroos

[2006]）。そして，それら要素への関与も，マーケティング行為として行うことを考えるなら，マーケティングの広がりは，極めて大きなものとなる。

3．S-Dロジック，Sロジックと新しいマーケティングへの示唆

　以上みてきたように，S-DロジックおよびSロジックは，新たに顧客の消費プロセスという時空間に注目することで，マーケティングの新しい世界が得られることに気付かせてくれる。言い換えれば，そこに，新たなビジネス機会が潜んでいるのである。

　周知のように，社会科学として理解されるマーケティングは，その理論と実践において時空間から何らかの制約を受ける。そして，そうした観点に立つなら，今日は，情報社会あるいはサービス社会といわれる脱工業社会であり，モノの生産と流通を経由した市場取引までをマーケティングの対象としてきたこれまでの時代とは大きく異なる。人びとは，所有より使用に，また，物の豊かさより心の豊かさに関心を寄せており，マーケティングも，こうした新たな状況に積極的にアプローチする必要があるが，その明らかにすべき新しいマーケティング行為の時空間こそが，実は顧客の消費プロセスなのである。

　しかし，新しいマーケティングを考える際には，S-Dロジック及びSロジックの考え方を超えてなお明らかにすべき問題があり，それらは，次のようにまとめられる。

　①　価値共創の成果をどのように捉えるか。
　②　モノ及びサービィシーズへの関与をどのように捉えるか。
　③　マーケティングの本質（市場創造及び統合）をどのように担保するか。

　まず，①価値共創の成果をどのように捉えるか，についてである。おそらく，S-Dロジック及びSロジックに接し，最初に疑問を感じるのは，これまでのマーケティングが述べてきた交換価値とS-DロジックあるいはSロジックがいう文脈価値あるいは使用価値は，どのような関係にあるかということだろう。少なくとも，両ロジックともこの問題についてはあまり言及されていない。そして，間違いなくいえるのは，交換価値より文脈価値あるいは使用価値

の方が高ければ，企業にとって，それは機会収益の逸失を意味し，交換価値より文脈価値あるいは使用価値が低ければ，顧客は機会損失の転嫁を強いられるということであり，いずれの場合も，企業，顧客の双方にとって望ましいことではない。したがって，そうした状態を排除する必要があるが，まずは，文脈価値あるいは使用価値に対する理解を深めることが先決となっている。

　一方，マーケティングの視点からすれば，S-Dロジック及びSロジックの考え方を導入しようにも，その成果がどのように得られるかが最も重要である。確かに，文脈価値あるいは使用価値の重要性を謳うことで，顧客からのロイヤリティは高まり，その結果，再購買が促されるだろう。さらに，クチコミによる情報伝播も見逃せない。しかし，もし，その限りであれば，両ロジックは，単なる考え方の提示に留まってしまい，新たなマーケティングを生む積極的な動因とはならない。

　それでは，S-Dロジック及びSロジックに基づいたマーケティングを考えた場合，成果をどのように捉えたら良いのか。

　もともと，交換価値は，モノに焦点を置くことから始まったマーケティングが，市場での等価交換に耐えうるように事前にモノあるいはサービィシーズに与えた価値のことである。そして，S-Dロジックの枠組みでいうなら，交換後に文脈価値は生み出されるのであり，この文脈価値と交換価値は，当然のこととして同じではない。そして，この問題は，実は，経済システムと社会システムの関係をどのように捉えるかの問題ともいえる。つまり，交換価値に焦点が置かれるのは，市場を媒介とする経済システムにおいてであり，文脈価値は，企業と顧客のサービス関係を軸とした社会システムという時空間で生まれる。そして，新しいマーケティングが，顧客の消費プロセスに焦点を置く以上，社会システムにおける企業と顧客の関係のもとで，経済システムは位置づけられることになる。

　重要なことは，社会システムの中で生み出される文脈価値をそのまま成果として評価することであり，それは，モノあるいはサービィシーズの交換価値とは全く異なるものなのである。それ故に，文脈価値をどのように捉えていくかが喫緊の課題となってくるが，それは，交換価値のように経済的な評価をする

ことが必ずしも相応しいとはいえない。何故なら，顧客が文脈の中で独自に判断するものが文脈価値であり，それは経済的合理性に基づいたものとは限らないからである。しかし，明らかなことは，高い文脈価値の創出が，顧客から高い支持を受け，そのまま企業の成果に結び付いていくということであり，その際には，経済システムのもととは異なる，新しい「報酬」授受の考え方と仕組みが必要となってくる。

　次は，②モノ及びサービィシーズへの関与をどのように捉えるか，の問題である。企業と顧客は，顧客の消費プロセスで相互作用を繰り返すというサービス関係にあり，その際には，多くの場合において，モノあるいはサービィシーズが付帯する。つまり，新しいマーケティングでは，企業と顧客のサービス関係のもとで，モノあるいはサービィーズを位置づけることとなる。この点は，これまでのモノあるいはサービィシーズ，そして，経済システムのもとで先行したマーケティングとは全く異なっている。具体的には，価値創造者たる顧客が，価値を創造する際に不足するナレッジとスキルを企業からのサービス提供に求めることで，サービス関係が先行的に成立し，さらに，サービスが相互作用として進行していく中でモノあるいはサービィシーズが必要となった時，顧客は単独で，あるいは企業と共同してそれらに関わることになる。

　一方，すでに述べたように，顧客の消費概念は拡張して考えることが可能であり，顧客の価値創造に影響を与えるすべての要素が拡張された消費概念のもとで包括されるが，それら要素には，モノあるいはサービィシーズも含まれる。そして，どのようにそれら要素に広がりを持たせ，どのように組み合わせるかを水平的拡張，さらに，共同選択あるいは共同開発等による新たな要素をどのように獲得するかを垂直的拡張として捉えることができ，その際の関わりは，企業と顧客の直接的な相互作用のもとで行われることから，ここにもマーケティング行為が見出されるが，それは，膨大なまでのマーケティング領域の存在を意味している。

　さらに，垂直的拡張に伴うマーケティング行為は，企業に経営上の意思決定を求めるものとなる。つまり，顧客の消費概念の拡張に伴い事業領域をどのように設定するかということである。そして，その結果，モノあるいはサービシ

ィーズの垂直的拡張であれば，それは，直ちに様々な事業形態（すなわち，サービス提供に留まるか，あるいは流通，生産にまで関与するか）が生まれることとなるが，そのことは，マーケティングの本質をどのように理解し，マーケティングを軸とした企業システムをどのように構築するかの議論となっていく。

　すなわち，そこには，③マーケティングの本質（市場創造および統合）をどのように担保するか，の問題がある。改めるまでもなく，マーケティングの本質は，市場を創造することにある。しかし。それだけではない。いま1つ加えるべきは，統合という考え方である（村松[2009]）。

　つまり，マーケティングには，全社マーケティングとして，他の経営諸機能及び階層性を有する場合の戦略をいかに統合するかといった課題が内在しており，この統合もマーケティングの本質を規定するものといえる。そして，新しいマーケティングがこれらをどのように取り込むかを示すなら，市場創造については，顧客との共創領域の拡大という考え方をもって，また，統合については，企業と顧客のサービス関係を軸とした企業システムにおける内部統合及び外部統合といった形で引き継がれる。ここで，共創領域の拡大と先に述べた拡張された消費概念の考え方は密接な関連があるのはいうまでもない。つまり，顧客の価値創造に影響する要素のすべてを含むことをもって消費概念は拡張されるが，それら要素への関わりは，企業と顧客の相互作用のもとでなされるのであり，その一翼を企業はマーケティング行為として担うが，そのことは，共創領域の拡大に他ならないからである。

　そして，最後に，市場創造と統合の関係をみるなら，もともと，共創領域の拡大とは，価値創造者たる顧客が自身で価値を創造する領域に，企業が入り込むことを意味している。したがって，新しいマーケティングにおいては，市場創造ではなく純粋に創造とした方が適切かも知れない。いずれにせよ，創造，すなわち，共創領域の拡大とは，顧客からのサービス要求に企業が幅広く適応することを伴うものであり，そのために企業はシステムとして一体化する必要があり，その際に重要になるのが統合という考え方である。

第3節　価値共創，マーケティング，企業システム

1. 価値共創と価値共創マーケティング

　以上のことを踏まえるなら，価値共創とは，顧客の消費プロセスで行われる企業と顧客の直接的な相互作用であり，あくまでも顧客にとっての価値を創り上げることをいう。そして，企業は，顧客との直接的な相互作用の一翼をマーケティング行為として担うのであり，これを，価値共創マーケティングと呼ぶことができる。

　したがって，企業と顧客のサービス関係を踏まえ，価値共創を図示するなら，図表1-1のようになる。

　すなわち，そこには，サービスの与え手としての企業，受け手としての顧客がおり，企業は，価値創造者である顧客の支援者として位置づけられる。言い換えれば，価値創造者たる顧客がサービスの提供を企業に求めることで，両者のサービス関係が生まれ，直接的な相互作用関係のもとで価値共創が行われる。これを企業側からみれば，いかにして顧客の消費プロセスに入り込むかということになり，それは，マーケティング行為として捉えられる。したがっ

図表1-1　価値共創と企業・顧客間関係

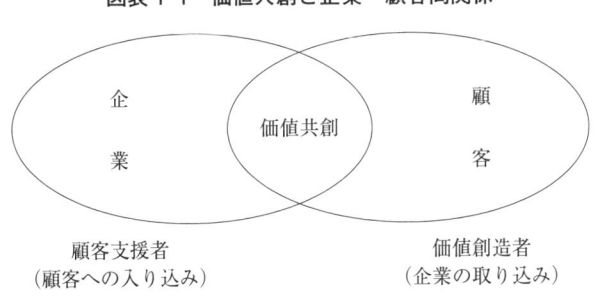

出所：村松[2015b] 136頁。

て，こうした価値共創を内実する新しいマーケティングと，これまでのモノあるいはサービシィーズに焦点をあてたマーケティングとは，明らかに異なるものであり，その理論化とそれに基づいた実践への落とし込みが求められている。

　その際に，企業のマーケティング行為として，第一に，重要となってくるのが，顧客との接点をどのようにして持つかということである。考えてみれば，これまでのマーケティングは，原理的には不特定多数の顧客に向けられたマス・マーケティングであったのであり，顧客との接点の有無については，あまり重視してこなかった。しかし，価値共創あるいは価値共創マーケティングにとっては，この顧客との直接的な接点が最も重要となるのであり，すべては，そこから始まる。

　すなわち，顧客との接点（contact）をどのように持つか，また，それは，どのようなものか，が問われる。例えば，企業側から，顧客に能動的に働きかけるのか，そうではないのか，そこにどのような仕掛けを用意するのか，また，それは，リアルで行うのか，あるいはバーチャルなのか，等によって，その形態は異なるものとなる。そして，当然ながら，そこでは，ワンウエイではなくツーウエイでのコミュニケーション（communication）が企業と顧客の間で交わされる。そして，直接的な相互作用を通じて，企業と顧客と間で共創（co-creation）が行われるが，先に述べたように，企業の立場からすれば，こうした共創領域の時空間を拡大することが重要であり，それはマーケティングに課せられた本質的な責務といえる。この相互作用プロセス，すなわち，企業によるサービス提供は，顧客によってその始まりが与えられ，それが進行して行く中で，顧客にとっての価値（文脈価値：value-in-context）が共創され，それに対する顧客の判断をもって，終結が告げられる。そこでの企業と顧客の関係は，まさにサービスの与え手としての企業，受け手としての顧客であり，企業は，価値創造者たる顧客に対する支援者という存在となる。

　そして，contact, communication, co-creation, value-in-contextからなる一連の流れを4Cアプローチと呼ぶことができ，そこにおいて，価値共創マーケティングは，その全体を，また，価値共創は，co-creationを指しており，

その結果として value-in-context が生み出される。

2. 価値共創型企業システム

いうまでもなく，価値共創あるいは価値共創マーケティングを実践するには，行為主体としての企業システムの存在が不可欠となるが，むしろ，重要なことは，マーケティングの本質である市場創造と統合をどのように担保するかにある。図表1-2は，これらのことを踏まえ，それを価値共創型企業システムとしてモデル化したものである。

これからわかるのは，まずは，企業は顧客と価値共創を行う立場にあるということであり，その共創領域の拡大が市場創造あるいは創造に繋がるということである。すなわち，顧客との価値共創を起点として企業システムは構築されるのであり，顧客起点とは，こうした意味を持つ（村松[2010]）。それは，単なる顧客接点とは異なり，そこから，企業システムが構築されるのであり，4Cアプローチで示したように，顧客接点（contact）は，それだけで留まらず，むしろ，新しいマーケティングへの起点となる。

そして，この顧客との価値共創を支えるのが，企業システムであり，そこでは，様々な統合が行われる。まず，内部統合であるが，4Cアプローチはもと

図表1-2　価値共創型企業システム・モデル

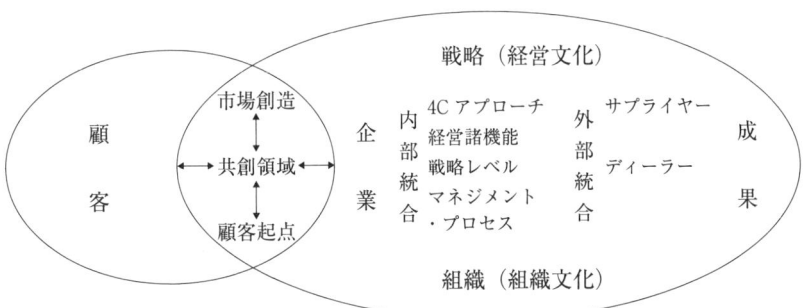

出所：村松[2015c] 167頁。

より，マーケティングの視点から他の経営諸機能が統合され，多角化企業にあっては，戦略レベルの統合がなされる。また，日々のマネジメントもそのプロセスを完遂するには統合的な視点が不可欠である。次に，外部統合であるが，サプライヤーあるいはディーラー関係を有するのであれば，それらも当該企業による顧客との価値共創のもとに統合される必要がある。そして，こうした価値共創マーケティングを軸とした企業システムも，当該企業の戦略（経営文化），組織（組織文化）のもとで成立するのであり，それらの関係にも焦点をあてる必要がある。そして，最後に，こうした一連のマーケティング行為の結果，企業システムとしての成果が，ようやくもたらされるが，それは，文脈価値を得た顧客から，新しい「報酬」授受の考え方と仕組みのもとで受け取ることとなる。

3. 鍵概念——情報の逆非対称性

　価値共創あるいは価値共創マーケティングは，繰り返しになるが，明らかにこれまでとは異なった考え方であり，そこにおいては，重要な鍵となる概念が存在する。

　これまで企業と顧客の関係における問題の1つとして，よく取り上げられてきたものに情報の非対称性がある。すなわち，企業と顧客の間には，いわゆる情報のギャップがあるというもので，情報化が進展する中で，それが解消されることとなったという。しかし，そこでいう情報とは，製品に関するものであり，そうであれば，情報の非対称性が示すように，これまでは，作り手の企業の方に情報が偏っていたことは否めない。しかし，情報化は，それを解消の方向に向かわせたということになる。

　一方，価値共創あるいは価値共創マーケティングのもとでの企業と顧客の関係においては，むしろ，情報の逆非対称性が成立する（村松[2011][2015b]）。何故なら，ここでいう情報とは，文脈価値に関する情報であり，それが，顧客の消費プロセスで生まれ，さらに，顧客によって独自に判断されことを考えると，企業と顧客の立場は逆転することになる。言い換えれば，企業は，文脈価

値の共創に関わることはできても，その判断は，あくまで顧客自身が行うのであり，そのことに立ち入ることはできず，ここに情報の逆非対称性が成立する。このことは，新しいマーケティングにとって極めて重要なことであり，それ故に，これまでのマーケティングに替えて，あえて，価値共創あるいは価値共創マーケティングを提示することの意味がある。

そして，今一度，確認すべきは，これまでのマーケティングが，経済システムを舞台として理論化され，実践されてきたのに対して，価値共創マーケティングは，社会システムにおける企業と顧客の関係を問うものであり，そこでのマーケティング行為に焦点をあてるものである。つまり，経済システムのもとでのマーケティング行為をみていくこれまでのマーケティングとは大きく異なる。そして，価値共創マーケティングにあっては，社会システムのもとで顧客との間にサービス関係が構築され，サービスに付帯するモノあるいはサービシィーズが必要となった場合に，顧客との共同選択・開発という形で経済システムとの関わりが生じるのであり，ここに社会システムと経済システムは連動したものとなる。しかし，留意したいのは，この社会システムという新たな舞台は，企業に大きなビジネス機会を与えるものだということであり，今日，この新たなマーケティングとしての価値共創マーケティングに，その理論と実践の提示が求められている。

第4節　研究課題

1．4つの課題

それでは，どのようにすれば，価値共創あるいは価値共創マーケティングをより分かりやすいものにすることができるか。それは，これまでのマーケティングと対比することで，より明らかとなる。

図表1-3からわかるように，これまでのマーケティングは，価値所与マーケ

図表 1-3　マーケティングにおける研究・理論・実践領域

生産プロセス	消費プロセス
顧客を取り込む （これまでのマーケティング領域）	消費プロセスに入り込む （新しいマーケティング領域）
これまでのマーケティング 　○事前に企業が価値（4Ps）を決め，顧客とのより良い交換に臨む（価値所与マーケティング） 　　・リサーチ，アンケート，インタビュー 　　・観察（購買時，消費時） 　○企業が顧客と一緒に製品（価値）をつくる（顧客参加型製品開発）	新しいマーケティング 　○顧客の消費プロセスで行われる企業と顧客の直接的な相互作用に基づくマーケティング（価値共創マーケティング） 〈研究課題〉 　①消費プロセスにおける顧客の消費行動 　②企業と顧客の共創プロセス 　③顧客の消費プロセスで行うマーケティング 　④共創される文脈価値

出所：村松 [2015b] 143 頁。

ティングであり，価値の決定者としての企業は，あらゆる理論と手法を駆使し，顧客とのより良い交換（市場取引）に向けたモノづくりに邁進してきた。すなわち，そこで想定されているのは，モノづくりの担い手としてのメーカーであり，生産プロセスにおいて，すべてのマーケティングを考え，そして，行動するものであった。このことは，大規模消費財メーカーのもとでマーケティング問題が発生し，それへの対応としてマーケティング研究が始まったことと無縁ではない。そのための理論と手法が，今日まで，様々に生み出されてきたのは周知の通りである。そして，最近では，顧客を生産プロセスに取り込む顧客参加型製品開発も行われるようになった。しかし，これらは，すべて，顧客とのより良い交換をゴールとするものでしかない。言い換えれば，モノの交換価値をいかにして高めるかに腐心してきたのが，これまでのマーケティングであった。

　そして，その最大の関心は，市場取引の相手である顧客の購買行動とそれに対する企業のマーケティング行動にあったのであり，それぞれ，消費者行動論，マーケティング論として研究が行われてきた。

　一方，価値共創マーケティングは，顧客の消費プロセスに焦点をあて，そこで，すべてを考え行動するものであり，それを端的にいうなら，サービスの特

性である生産と消費の同時性を推進していこうとするものである。

　したがって，まず，解明すべきは，モノであれば，購買時ではなく，その後の①「消費プロセスにおける顧客の消費行動」である。これまでの消費者行動論はそこに目を向けてこなかった。そして，当然ながら，顧客は自らの消費プロセスで企業と直接的な相互作用を起こすのであり，②「企業と顧客の共創プロセス」そのものを明らかにする必要がある。一方，両者による直接的な相互作用の一翼を企業はマーケティング行為として担っているのであり，③「顧客の消費プロセスで行うマーケティング」そのものを解明する必要がある。そして，この新しい価値共創マーケティングのゴールとして，顧客との相互作用の中で④「共創される文脈価値」がどのようなものか明らかにしなくてはならない。

　以上，4つの研究課題は，図表1-3に示した通りのものであるが，③の企業のマーケティングについては，それを支える行為主体としての企業システムの解明があわせて研究課題としてあげられる。

2. 研究の進め方

　それでは，これら研究課題にどのように具体的に取り組んでいくのか。繰り返すなら，価値共創マーケティングの主眼は，モノに焦点をあてたこれまでのマーケティングから脱却し，いかにして，顧客のプロセスに焦点をあてたマーケティングの理論化と実践への落とし込みに軸足を移すかということにある。そのためにまず，顧客の消費プロセスに注目し，そこでのマーケティングを含めた全容を浮き彫りにすることが重要となる。そして，その際に問い掛けるべきは，マーケティング行為としてみた場合に最も重要なサービスの特性，すなわち，生産と消費の同時性をいかに実現しているかということであり，それは，サービスの提供プロセスを具体的に明らかにすることに他ならない。このモノではなく，サービスの提供という視点からみるなら，これまで一般的にいわれてきた業種は，次のように区分され，それぞれ，どのようにサービス化を進めていくかということになる。

① メーカー，流通業のサービス化（生産と消費の同時化）

モノのマーケティングに依拠してきた，メーカー，流通業がモノの生産，流通ではなく，消費にどのように向かい合い，消費プロセスでどのように顧客とのサービス関係を構築し，サービス提供を行っているかについて明らかにする。そして，その上で，モノあるいはサービシィーズへの関与についてみていくことになる。ただし，メーカーであれば，いかにして顧客と直接的な接点を持っているか，流通業（小売業）であれば，すでにある接点をいかにして活かしているか，重要となる。

② サービス業のサービス化（生産と消費の同時化）

サービス業だからといって，必ずしも本来的なサービス提供を行っているわけではない。むしろ，サービスをモノに見立てたサービシィーズを提供することに終始してしまっているサービス業もある。したがって，サービス業においては，いかにして，サービス提供が行われているのか，そのプロセスを明らかにすることが必要となる。そして，そこにおいてモノあるいはサービシィーズに対してどのような関わりを持っているかをみていくことになる。

以上のことから，価値共創マーケティングのもとでは，すべての企業が，本来的なサービス業（サービス企業）と位置付けられることになる。

第5節　おわりに

マーケティングには，時空間に普遍的な本質部分と，明らかに時空間の変化に対応して変わっていく部分とがある。その意味で，創造，そして，統合は，まさにマーケティングの本質部分を指している。一方，変化への対応ということでいえば，マーケティングの努力対象が顧客であることからして，その動向に敏感である必要がある。今日，顧客の関心は，使用及び心の豊かさに移っており，その舞台は，顧客の消費プロセスにある。

本章では，価値共創論議の契機となったS-Dロジック，Sロジックを踏まえながらも，価値共創及び価値共創マーケティングに対する独自の考え方を明ら

かにした。すなわち，価値共創及び価値共創マーケティングは，まさに顧客の消費プロセスに焦点を置くものであり，そこでの企業と顧客の直接的な相互作用に注目するものである。したがって，それは，これまでのモノあるいはサービシィーズのマーケティングからの脱却を図るものであり，マーケティング研究は，今日，新たな段階を迎えたといえる。

　こうした理解のもと，まずは，顧客の消費プロセスの何たるか，そして，そこで展開されているマーケティング行為を明らかにする必要があるが，本章に続く各章では，これまでのマーケティング理論では説明できない多くの実践事例が取り上げられている。それらを丹念に読み解いていくことで今後，価値共創及び価値共創マーケティングの理論化とそれに基づいた実践への落とし込みが進んでいくと考えられる。

（村松　潤一）

第 2 章

製造業における価値共創の事例研究
―コマツ KOMTRAX―

第 1 節　はじめに

1. 背景および問題意識

　近年マーケティングにおいて，サービスの概念で製品まで含めた概念を構築する研究がなされている。その理論においては，従来の交換（取引）後に焦点を当てることで，価値共創という新たな議論をマーケティング研究に与えた（村松[2015b] 129 頁）。価値共創は概念的には捉えられている一方で，事例研究は数少なく，企業への適用を考えると実証面から価値共創行動の具体化が求められる。

2. 研究目的および研究方法

　本章では実証的に製造業の価値共創行動を明確にすることが目的である。ど

のように顧客との接点を構築するか。顧客とどのようなコミュニケーションをとるか。どのように共創するか。文脈価値は何か。以上の4Cアプローチで明らかにする。研究方法は，事例に関する先行研究を批判的にレビューし，プロセスの精緻化の視点から不明確なものを抽出し，実際に企業に対するインタビューを行うことにより，明らかにしていく。

調査対象としては，プロセスの精緻化にフォーカスするため，すでに価値共創の研究がなされている企業として，株式会社小松製作所（以下，コマツ）のKOMTRAXを調査対象とした。

3. 先行研究レビュー

コマツKOMTRAXの研究事例

コマツのKOMTRAXは，製造業のサービス化の事例や価値共創の事例として取り上げられている。コマツはKOMTRAXから得られた情報を活用して，保守費用や燃料費，オペレーター工賃などの顧客コストの低減やメンテナンス・故障修理時間の短縮による生産性向上につながる提案を行っている（増田[2011] 11頁）。また価値共創の事例としても取り上げられている。楊[2015]によると，「KOMTRAXを導入することにより，顧客の作業方法や車両の使用方法が分かり，それに対し改善などのアドバイスができるようになった。すなわち，交換後の顧客の消費プロセスに対して，コマツが直接的かつ全面的に介入できるようになったのである」（131頁）。このようにコマツが顧客の使用段階に直接的に相互作用を行い，顧客にとって燃料費・オペレーター工賃といった保守メンテナンスコストの低減化を図れ，生産性向上させることができる（楊[2015] 131頁）。これらが顧客の消費段階における共創される文脈価値である。

これらを実現しているKOMTRAXのシステムの概略を見てみる。KOMTRAXは機械の稼働状況を把握するセンサーとGPSを搭載している。ここで得られた情報は通信衛星回線あるいは携帯電話回線を通じて，コマツにあるデータサーバーに送られる。KOMTRAXから得られるデータとしては，サービスメータ，位置情報，エラーコード，コーション，ゲージ情報，運転内

容，負荷頻度，燃料消費量等が挙げられる（角ほか[2010] 66 頁）。これらの情報は顧客自身で閲覧が可能であるとともに，コマツあるいは代理店が分析し，燃費改善や工法改善など，効率的な使用法等を顧客に助言する等にも活用されている。

　次に価値共創の行動を読み解いていく。まず共創の場の設定であるが，机上では顧客から共創の要望発信→企業の物理的な移動→場の設定というプロセスを考えた。先行研究の記述から顧客から共創の要望についての発信はうかがい知ることができない一方，KOMTRAX というシステムが自動的に顧客の使用実態をコマツに把握させていることから，要望を聞くまでもなくコマツが顧客の要望を把握していると考えられる。物理的な移動および共創の場の設定については，課題が浮かび上がる。国内で 11 万台の KOMTRAX が存在しているが，これだけの数に対してコマツではどのように場の設定を行っているのであろうか。代理店も共創を行っていることを鑑みると，顧客の事務所等現場に近いところへ出向き場の設定を行っているのではないかと考えられるが，代理店の数も含め，現実はどのように対応しているかは，明らかにすべき課題である。

　次に共創の場で行われるマーケティング行為であるが，効率的な使用法の助言をする以外，顧客と企業の詳細なやりとりは明らかにされていない。したがって，顧客から企業へ要望はどのように伝えられるのか，企業はどのように顧客のナレッジとスキルを把握するのか，企業はどのように価値の促進を行うのか，価値創造ができたかどうかのフィードバックはどのように行うのか，など実証が必要である。

第 2 節　事例研究

　コマツの KOMTRAX の事例研究を行うにあたり，まずコマツの概要ならびに KOMTRAX の仕組みについて述べる。

1. コマツの概要

コマツは 1921 年に創業された建設機械業界世界第2位のメーカーである。2015 年3月期の売上高は1兆 9,786 億円，営業利益は 2,420 億円であり，営業利益率は 12.2% である。売り上げの約8割が海外にあり，社員の約 53% が外国人である。地域別の売り上げは，日本と北米が最大であり，次いで，中南米，アジア，中国である。

業界最大手のキャタピラーとコマツのみが，油圧ショベル，ミニショベル，ホイールローダー，ブルドーザー，ミニホイールローダー，ダンプトラックのすべての製品を持ったフルラインナップメーカーである。取引のある顧客業種は，土木・建築業，採石・鉱山業，解体業，廃棄物処理・スクラップ業，林業，農畜産業である。

コマツの最も大きな特徴となっているのが，ダントツ商品（燃費，排ガス，作業性，機能，振動・騒音，などダントツの性能を備えた商品）にICTを活用したKOMTRAXというシステムを早くから標準搭載した点である。機械の情報を見える化し，種々のサービスにつなげ，そこでもダントツサービスと呼ばれる競争力の高いサービス提供を行っている。そしてさらに技術を進化させ，情報化施工という機械の高度化，知能化を図り，顧客企業のソリューションビジネスにまで踏み込んでいる。

国内の販売は，別会社が行っており，100%子会社のコマツ建機販売と独立系の代理店の2つの販売店による間接販売である。コマツ建機販売は地区でわかれ9つのカンパニーからなる。代理店も15社あり，総勢 3,500 名の販売体制となっている。

2. KOMTRAX の仕組み

KOMTRAX とは Komatsu Machine Tracking System の略称でコマツは，1990 年代後半に機械稼働状況を把握するセンサーと GPS を機械に装備した

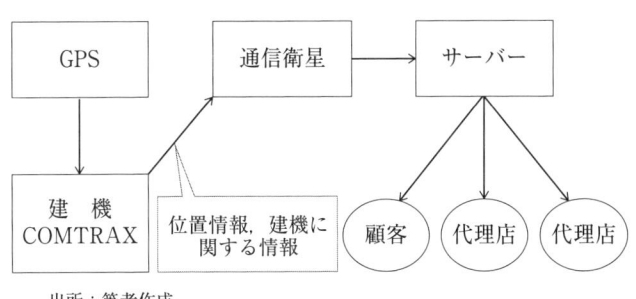

図表 2-1　KOMTRAX の仕組み

```
[GPS] ────────→ [通信衛星] ──→ [サーバー]
  │                 ↑              │
  ↓                 │         ┌────┼────┐
[建機         位置情報，建機に    ↓    ↓    ↓
 COMTRAX]    関する情報       [顧客][代理店][代理店]
```

出所：筆者作成。

KOMTRAX を導入した。当時建設機械を盗み，ATM をまるごと持っていくといった社会的問題が多く発生しており，その対策を検討したところ，機械稼働状況を把握するセンサーと GPS を機械に装備した KOMTRAX に繋がった。

　コマツでは，2000 年初頭より，全建機メーカーに先駆け，いち早く情報端末機 KOMTRAX というシステムを車両にスタンダード装備し，使用状況に関する情報を顧客，代理店，現地法人，コマツが共有している。KOMTRAX を活用することで，建設機械が稼働している場所，燃料の残量，故障の有無などをオフィスにいながら一元的に把握することが可能となり，現場への迅速かつ質の高いサービスを展開することができるようになった。

　KOMTRAX では，機械の燃料や消耗品の交換時期等の稼働状況や現在地が把握できるため，予測や計画を立てたサービスが可能となり，サービスの促進に役立てることができる。

　また代理店では使用状況がつかめるため，燃料を無駄使いしているところが分かったり，非効率な稼働状況を把握でき，データを分析することにより，顧客に対して，低燃費な使用方法の指導や建機をより有効に使用する指導ができる。それにより顧客の使用シーンでの価値を生み出している。

3. プロセスに関するインタビュー調査

　インタビュー調査はコマツの建機マーケティング本部国内販売本部業務統括

室の島本伸之室長ならびに建機マーケティング本部国内販売本部建機営業企画部商品・分野グループの山本義実主査に協力を依頼し，2015年9月28日にコマツ本社にて行った。事前に問題意識とインタビューを行う目的をまとめたものと質問事項を送付し，ご理解のうえ，回答を準備いただいた。当日はインタビューの趣旨とフォーカスするポイントを説明し，事前に立てておいた仮説に対する質問を行い，疑問が新たに生じた点については，追加で質疑応答を行った。

　コマツでは，KOMTRAXを活用した顧客との接点で，KOMTRAX省エネ運転支援レポートというサービスがある。KOMTRAXのデータをもとに省エネ運転を提案するもので，使用状況に関するデータをもとにどのような操作をすると燃費が良くなるか，例えば燃料の無駄遣いとなる走行を減らす，負荷が少ない時にはパワーモードからエコノミーモードに切り替えるなどの提案を付けてレポートとして顧客に届ける。実際には代理店がKOMTRAXのデータを基にレポートを作成し，顧客に届け，説明する。その情報のひな形はコマツ側でも用意し，代理店はそれをそれぞれの顧客企業に合った内容にして顧客に説明する。その際，このレポートをコミュニケーションのツールとして活用し，代理店の店員が顧客とのやり取りの中で，顧客の欲していることをヒアリングする。その結果，代理店は顧客の使用シーンでどのようなことが必要とされているかを把握する。顧客との接点では顧客から新たな要望が出されることもある。例えば現在では顧客へのサービスとなっている燃費改善のための情報提供もその1つである。建設機械では，新車購入にかかる費用よりも，保守点検，燃料，オペレーター工賃などの使用期間中にかかる費用のほうが多い。したがって，燃料をいかに減らすのかは重要な問題である。

　また，営業マンやサービスマンが日々の業務で感じたことや，こうしたほうが良いのではないか，製品をこうしたら顧客に喜ばれたということを書き，本社に伝える仕組みがある。いわば価値共創の現場からフィードバックする仕組みがある。KOMTRAXの情報はかつてパソコンでしか見ることができなかったが，そのような提案を受けスマートフォンでも見ることができるようにしている。

以上のように，コマツでは顧客企業の現場に入り込み，そこでのニーズを把握し，それに対して何らかの顧客への対応を行っており，実際に顧客の使用価値に直接的に関与しているのが見て取れる。

　実際の代理店と顧客との接触はいくつかある。新車を購入すると新車巡回サービスというものがあり，1年に3～4回顧客企業を訪問する。また特定自主検査が年に1回あり代理店が顧客を訪問する。部品の注文の際にも接触の機会はある。またKOMTRAXは基本的に顧客が自身の端末でみられるようになっているが，顧客からのニーズに基づき，営業マンが定期的にレポートを持参しているケースもある。現実にはすべての顧客を回ることはできないが，顧客の要望やニーズに応じて，代理店の営業マン，サービスマンが直接質疑応答し，燃費の改善などについては，そのやり取りの中で顧客の能力や知識の把握を行い，最も適切と思われる方法で対応している。

　また，顧客の要望を受けて建設機械の仕様を改造する仕組みもある。ゴミ処理場でラジエターが目詰まりをしてオーバーヒートを起こすケースがあり，逆回しできるファンを施した試作車を持ち込み，効果を確認できたというケースもあった。解体現場で建物にぶつからないようにする装置を付けたり，ものが降ってくるのをガードするものなども現場の声を聞いて実現している。

第3節　考　　察

1．価値共創の流れ

共創の場の設定は，以下のように行われている。
① 代理店から顧客へ場の設定することをアプローチする，あるいは顧客からの要望に応えるケースもある。
② 代理店が顧客を訪問し，価値共創の場を設定
ここでは代理店が企業を代表して顧客との接点を設けて，価値共創を直接的

に促進する役割を果たす。

次に，価値共創の場でのマーケティングは以下の通りである。
① 代理店が顧客のニーズをヒアリングあるいは，事前に顧客に関するデータからニーズを事前把握。
② 対話の中あるいは長年の付き合いの中から顧客の持つナレッジとスキルを把握。
③ アドバイスや情報提供など必要な顧客への支援を行う。

一方，顧客との直接的接点を増やす取組みもなされている。新車を買った際に年3～4回顧客を訪問する新車巡回サービスや，新排出ガス規制対応車に対するコマツケアというプログラムを新たに導入し，従来のオイル交換の回数よりも多く無償でオイル交換を行い，保証期間も延長している。以上のような取組みはコマツの取組みとして顧客との直接的な接触を重要視している現れである。また省エネ運転支援レポートなども現場を見て，セールスマンあるいはサービスマンが直接対話を行うことが基本であるとの認識をもっている点などは，顧客との使用現場での直接的相互作用の重要性を示すものである。また，顧客に対する提案を行った後，数カ月後に再度レポートをもって顧客を訪ね，その効果を顧客と一緒になって確かめることも行われている。一方的な提案に終わらず，最も重要なことである顧客が価値と感じているかを確かめることを行っている。

2. 価値共創に関するメーカーのバックアップ体制

価値共創を行うに際して，直接的に顧客の接点をもつのは，通常の販売・サービスで顧客との接点をもつ代理店のセールスマンあるいはサービスマンである。顧客との接点の部分で顧客のニーズを吸い上げ，コマツにフィードバックするプロセスが構築されている。開発本部が営業部門から情報を吸い上げ，それを新しく開発する製品に反映させるプロセスである。また営業が日々感じたことを書き，本社でそれを吸い上げることも行われている。従来顧客のところでKOMTRAXの情報を見るにはパソコンの端末でなければならなかったが，

顧客や営業からの声を本社にフィードバックし，今ではスマートフォンで見ることができるようにしている。またKOMTRAXを使った燃費情報の提供も，もとは顧客からのニーズを吸い上げて，提供を始めたサービスである。これらはいずれも顧客が使用の現場で価値を向上させるためのものであり，使用の現場に企業が入り込み，さらにそれを本社や販売店がバックアップする体制ができている結果である。

さらにコマツでは特殊仕様に対応する専門部門があり，顧客からの要望を受け，建設機械を顧客の使い方にマッチするような改造の検討も行っている。検討にあたっては，実際に問題が起こる現場に対応した製品をスタッフが持って行き，現場で顧客が抱える問題の解決が図ることができるかどうか，を確かめるといったことも行われている。これなどもコマツが顧客の使用現場で価値を生み出すことに主眼をおいた会社としての体制を実現している事例と言えよう。

また，KOMTRAXで得られる情報を時間で追っていくと，初期は位置情報やサービスメーターといった基本情報であったのが，油圧ショベルでは，掘削時間やホイストしている時間，走行している時間など使われ方の情報にまで拡大し，価値共創を行うために現場で必要性を感じるものを追加して，より価値共創を行いやすくすることも行われている。これも現場をバックアップする体制である。

3. 4つの課題[1]への対応

製造業における価値共創を実際に実行しようとすると4つの課題が想定される。今回のケースではそれぞれが実際にどのように対応されているか，1つずつ見ていく。まずは数の課題である。大量生産の現代においては，従業員の数に比べ顧客が保有する製品の数が圧倒的に多い。これは直接的に相互作用を行う価値共創マーケティングにおいて大きな課題である。これに関してコマツのケースでは，BtoBの業態であることからBtoCの不特定多数といった状況ほどではないものの，程度の差こそあれ，顧客と接点をもつ営業，サービスマ

ンの数が顧客の数より少なく，すべての顧客と直接的な接点をもつということは行われていない。要望のあった顧客や代理店が継続的に関係性をもつことを望む顧客に対して省エネ運転支援レポートを渡している。また KOMTRAX を使った情報提供サービスは，現実には3段階で行われている。顧客のもとへ代理店の営業マンあるいはサービスマンが訪問し，直接レポートを渡し，説明と運転の仕方の提案を行うケース，レポートだけを送付する，顧客が自分でデータを確認するといった異なった方法がとられている。

　顧客自身が情報を入手してアウトプットする場合には，ある意味顧客が企業の協力を得ずとも自ら使用現場で価値を生み出すことができ，顧客自身で完結する。つまり常に価値共創が必要という訳ではなく，価値共創の必要性が生じた時に顧客が自らの意志で企業にコンタクトし，企業がそれに応えるという形態が現実の顧客と企業の間で行われていることと考えられる。接触のない顧客や要望を言ってこない顧客すべてがそのようなニーズがないとは言えず，価値共創の機会を逸している可能性はある。ただし，単純に数だけで考えるとすべての顧客と相互作用することは困難であるが，すべての顧客に対して常に価値共創の必要性があるという訳ではない。

　2つ目に顧客と企業の物理的距離についての課題がある。今回の調査対象は B to B 企業であるため，顧客の場所が事前に特定されており，またエリアで管理顧客が決まっている。そして物理的な距離は代理店の営業マンあるいはサービスマンが顧客企業を訪れることによって解消している。顧客が常に任意の場所にいる B to C の場合に比べると物理的距離の問題は少ないと思われる。

　3つ目の課題は顧客のナレッジとスキルの把握である。顧客への説明については，当然顧客によりナレッジとスキルが異なるため，それを把握したうえでの対応が必要となる。コマツでは，低燃費支援の提案をする際，本社のほうでデフォルトを用意しているものの，顧客の現場をよく知る代理店がアレンジして情報を出すことを意識している。これまでの顧客との接点や説明する際に実際に対話を行うなど直接的な相互作用を通して，顧客のナレッジとスキルを把握して，それに合わせた対応が行われている。

　4つ目に企業のナレッジとスキルの拡張性の課題がある。顧客から要望のあ

った支援は，そのすべてをコマツが最初からもっている能力ばかりではない。携帯電話のアプリケーション，逆回しにするファンなど後で開発したものもあり，顧客の声を聴いて，自社のその時点の能力で対応できないものは，新規開発などにより，自社の能力アップを図っている。

4. 使用現場にさらに踏み込んだ取組み

ここまでは KOMTRAX を活用した顧客の使用現場での取組みについて述べたが，インタビューを通して，コマツではさらに顧客の使用の現場に踏み込む取組みを近年行っていることも明らかとなった。つまり，単に建設機械を使うところで顧客に価値が生まれるに留まらず，顧客企業が請け負っている仕事そのもののマネジメントするところまで踏み込んでいるということである。

コマツは，オーストラリアやチリで行われる鉄鉱石，石炭，銅などの大規模採掘現場で300tクラスのダンプトラックを無人で動かし，採掘現場からの輸送を無人で行っている。従来であれば，コマツは建設機械を顧客に手渡し，機械の部品交換やサービスを通じて顧客の生産性向上に貢献していたが，顧客企業が行う一連の作業そのものにコマツが入り込んでさらに生産性向上に取り組むべきと捉えている。無人ダンプトラックの導入は，僻地での過酷な労働条件のためオペレーターを集めるのが難しかったり，多大な人件費がかかるなどの顧客企業の問題解決を図っており，使用現場にさらに踏み込んだ取組みの1つである。

もう1つが情報化施工と呼ばれる取組みである。従来測量や施工を行う目印となるものの施工現場への設置などの手間が必要となる。それに対して3次元の施工のためのデータを入力し，建機に搭載した GPS 測定機器による位置情報により，油圧バルブを制御し，自動で施工してしまうというものである。昨今業界人口が減っており，人材確保に大きな問題がある。高齢者に継続を求めたり，外国人が働けるようにしたり，女性を活用するなど，顧客企業が人材に苦労しているところに対し，初心者でもベテランに近い施工ができる建設機械を提供している。そして2015年にさらに顧客の現場に入り込み改善するソリ

ューションサービスを行うスマートコンストラクション事業を開始し，専門部署を立ち上げている。まさに顧客企業の領域に深く入り込み，価値を生み出そうという取組みであることが伺える。

第4節　おわりに

　今回コマツのKOMTRAXの事例から，どのように価値共創を行っているのかが明確になった。これまで価値共創の理論については，顧客の価値創造プロセスに企業が積極的に関与するものという概念的な捉え方しかされてこなかったが，具体的な行動が明らかとなった。また4つの課題についてもどのような対応が行われているかが明らかとなった。数の課題に対しては，企業で携わる従業員に比べ製品や顧客の数がはるかに多い場合，すべての顧客とは価値共創ができず，顧客の主体的な働きかけあるいは企業側から価値共創の必要がある顧客にアクセスするといった形で価値共創行為が限られることが明らかになった。物理的な距離は企業が直接出向いて対応し，直接対話により顧客のナレッジとスキルの把握を行う。さらに企業では価値共創を行う現場から価値共創を行うためにどのようなものが必要かを企業の中に情報展開し，それを製品に織り込んだり，新たなシステムを構築するなど，使用の現場の情報を吸い上げ，現場に反映する仕組みが作られており，企業のナレッジとスキルの拡張を行っていることが明らかとなった。

　コマツでは，KOMTRAXという仕組みを活用して価値共創することに留まらず，顧客企業が行う企業行為，つまり価値を生み出す行為全般にわたって，自分たちの対応する領域を拡大し，その現場に入り込む行為まで行っている。ICTを活用したさらなるソリューション事業に取り組んでおり，ベテランでなくとも効率的に正確な施工ができる仕組みなど，まさに顧客が使用しているシーンで価値を生むことを支援している。製品によって異なるかもしれないが，今回のように相互作用の後に顧客が価値を生み出す場合と相互作用を行っている瞬間に価値を生み出す場合とがあることを認識する必要があるかもしれ

ない。価値を生み出す瞬間に常に立ち会うのは物理的に難しい場合も多々あるかもしれないが，相互作用が顧客の価値創造に影響を与えると考えると，価値共創の視野は広がり，新しいマーケティングの活用の場が増えると思われる。

　また今回はB to Bの企業の事例であったので，実際のプロセスにおいては量産品での対応に加え，顧客とやりとりをしながらオプション対応，オーダーメイド対応をすることがある。したがって今後の課題と展望としては，通常オプション，オーダーメイド的な対応が少ないB to Cとの違いを明らかにすることは意義あることである。B to Bに比べて顧客の数が圧倒的に多いため，実際にどのようにして数の問題や物理的距離の問題を克服しているのか，明らかにすることは理論化に対しても実践への示唆という意味でも価値ある示唆を与えられると思われる。また業種によっても顧客との距離や顧客の数，製品の性質などが異なるため，業種間の違いなどを明らかにすることで，製造業の価値共創プロセスの体系化を行うことが可能であると考えられる。

(注)
1) 製造業が顧客と価値共創を行う際の4つの課題については，清野[2015]（209-211頁）に記載されている。直接的な相互作用を行う際，顧客や製品の数が企業の従業員を大きく上回る数の問題。さらに一般的には製品は顧客が任意の場所で使用するために起こる距離の問題。顧客に関する情報を知らないために起こる顧客のナレッジとスキルの把握の問題。顧客の要望に応えるためには企業がすでに持っているナレッジとスキルだけでは足りないため起こる能力拡張性の問題。以上4点である。

（清野　聡）

第3章

医療用医薬品を扱う製薬企業における価値共創と医療サービス
―エーザイの事例から―

第1節　はじめに

1. 背景，問題意識，目的

　医療は人間の生命を扱う特殊な行為であり，一般的なサービス業とは異なるとする見解は，すでに少数派である。このような国民意識を背景に医療マーケティングや医療サービスに関する研究も進んでいる。現在の医療現場では，疾患の治癒を目指した医師主導の治療から，個々の患者のQOL（Quality of life：生活の質）向上を目指した多様性ある医療サービスが求められている。元来，医学の発展は科学的な普遍的知識の蓄積としてEBM（Evidence-based Medicine:科学的根拠に基づく医療）という概念を中核に発展してきた。しかしながら，現在の医療サービスは患者の個々の価値観にも対応した全人的な医療が求められている。医学の根幹としてEBMを重視することに反証は少ないが，個々の患者の価値観にも対応すべく，ナラティブ・アプローチを用いたNBM（Narrative-Based Medicine：物語りと対話に基づく医療）の研究が行われ

ていることも事実である。現在の医療現場では，EBMとNBMを統合した新たなアプローチで患者との価値共創が進められている（斎藤 [2014]）。これは，医療従事者が有する知識や技術を用いて疾患の治癒を目指す医療から，患者の病いに寄り添い患者の病いを癒すことに焦点をあてた患者本位の医療への転換であり，患者とともに価値を共創していくという新たなパラダイムである。このような考え方は，医療サービスの一翼を担う製薬企業にとっても共有すべき概念であり，製薬企業のサービスも医薬品の開発や販売に焦点をあてた企業中心の志向から，患者の日常生活における服薬プロセスの支援や患者の主観的な癒しに焦点をあてたサービスへのパラダイムシフトが求められている。

　従来のマーケティング研究は，企業によって創造された価値を顧客へ提供するという取引行為（交換価値）に焦点をあてた企業中心のマーケティング理論により構築されている。現在のマーケティング研究では，顧客の消費プロセスにおける価値の創造（文脈価値や使用価値）に焦点をあてた顧客志向のマーケティング理論へのパラダイムシフトが起こっている。サービスの特性を踏まえた顧客志向のマーケティング概念は，医療現場で求められている患者本位の医療サービスとも共通の理念として捉えることができる。医療現場で求められている患者価値の実現は，製薬企業にとっても重要な課題である。しかしながら，医療サービスの特殊性や様々な専門職との連携，各種規制など一般のサービスとは異なる配慮も必要である。本章では，医療用医薬品を扱う製薬企業のマーケティングについて，価値共創マーケティング（村松 [2015b]）の導入意義について検討を行う。

2. 先行研究，研究方法

　価値共創マーケティングとは，価値は企業内で創造されるのではなく，顧客を含め多様なネットワークを介して得られる様々な資源を用いて，顧客の消費プロセスで価値が創造されると思考する。企業が意識すべきは，企業内での資源確保に留まらず，企業外部の顧客領域で行われる価値創造である。従来のマーケティング概念から，空間的かつ時間的な拡張が必要である。これら現状を

踏まえ，村松が提示した4つの研究課題（村松 [2015b] 143 頁）の中から，本章では「顧客の消費プロセスで行うマーケティング」を取り上げる。日本を代表する製薬企業であるエーザイ株式会社（以下，エーザイ）の企業事例を基に，価値共創マーケティングのフレーム（村松 [2015b] 136 頁図表 9-1）を参考に，医療サービスにおける知識や価値の創造プロセスを検証し，製薬企業が目指すべき患者価値創造を支援するためのマーケティングを提案する。また，患者の主観的価値に踏み込むため臨床現場などで幅広く導入されているナラティブ・アプローチを採用し，その視点からの分析を試みる。

ナラティブ・アプローチ（野口 [2009] [2012]）とは，社会構築主義を理論基盤とし自己が語る物語により社会の中で存在する自己を認識する手法である。ナラティブとは，「物語」や「語る」を意味する言葉であるが，「語らない物語」や「相互交流のためのプロセス」など幅広く解釈されている。また，ナラティブ・アプローチは，患者へのエビデンスの適応という視点と共に，それとは異なった患者価値をも理解し共感することにより，新たな患者価値創造を可能にする手法である。ナラティブ・アプローチの視点から患者価値を捉えることで，従来のマーケティング概念では捉え難い患者の主観的価値への接続を試みる。本章では，ナラティブについての詳細説明は省略するが，ナラティブが有する現実組織化作用を通じて患者にとって最良な価値を共創していくプロセスという視点から，製薬企業が行うべき患者価値創造の支援について考察を加える。

第2節　事例研究

1. 製薬企業における医療サービスの概要

製薬企業が扱っている医薬品には，医師の診断により処方される医療用医薬品と薬局などで患者が直接購入できる一般用医薬品に大別される。医療用医薬

品は，高齢社会を背景に増加の一途をたどり2013年度には10兆円を超えているが，一般医療用医薬品については2001年以降減少傾向にあり2013年の市場は約1兆円である。

医薬品を含む医療サービスは，拡大する市場として有望であるが社会保障費用の増加や新医薬品の開発競争の激化など，課題の多い市場でもある。また，医療サービスは，情報の非対称性による選択の困難性，服薬の中断などによる治療継続の困難性，治療効果や結果の不確実性など回避し難い特殊性を有している。つまり，医療サービスを受ける患者自身ですら治療方法や効果，将来の価値を正確に把握できないのである。このような環境の中で製薬企業が行っている活動について概説する（図表3-1）。

製薬企業は，主として医薬品を開発，製造，販売する企業である。製薬企業は，医師が患者の状態に応じて最適な処方が行えるようにMR（Medical Representative：医薬情報担当者）を通じて医薬品の適正使用情報を提供するとともに，今後の医薬品の適正使用に必要な様々な情報を収集している。医薬品は医薬品卸から調剤薬局を通じて患者へ処方される。医薬品の服用に必要な情報は，医薬品とともに添付文書という書面で提供されているが，多くの情報は前述したMRが医療機関の医師や薬剤師に対して製品情報概要，インタビューフォーム，リーフレット，関連文献など有形情報の他，口頭による無形情報

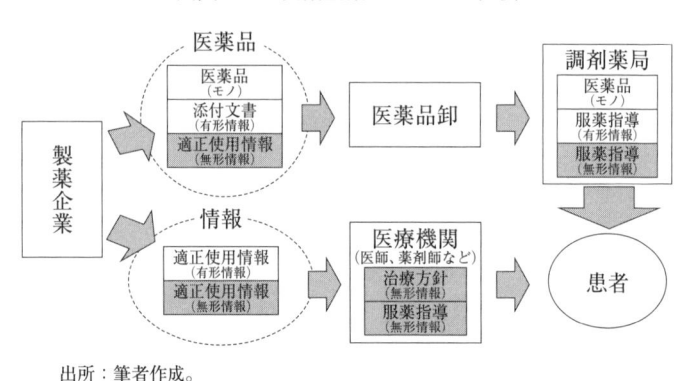

図表3-1　製薬企業のサービス概要

出所：筆者作成。

として提供される。MR はこれら適正使用情報の提供収集とともに，医薬品の新規採用や処方拡大をプロモーションする重要な役割も担っている。

　最終的に医薬品を服用する患者の元には，服用すべき医薬品とくすりのしおりや服薬指導箋など有形情報と，医師や薬剤師などからの治療方針，服薬指導など無形情報が集まり，これらの情報を統合することで治療効果を得ることができるのである。医薬品に付随するこれらの情報が，患者価値創造に貢献しているのである。

2．エーザイの企業概要

　エーザイは，1941（昭和16）年12月に設立された医薬品及び医薬部外品の製造販売企業である。2014年度末の従業員は連結で10,183人，国内で4,712人である。2014年度の売上高は5,485億円で，内訳は国内医薬品事業が50.8％（2,784億円）以下アメリカ，中国の順である。国内医薬品事業のほとんどが医療用医薬品であるが，その他ジェネリック医薬品や診断薬も有している（統合報告書2015より）。

3．全社的な価値創造活動

　エーザイの企業活動の根幹は，hhc（ヒューマン・ヘルスケア）理念として定款にも明記されている。hhc理念とは，『医療の主役が患者様とそのご家族，生活者であることを明確に認識し，そのベネフィット向上を通じてビジネスを遂行すること』であり，社員一人ひとりが患者様の傍らに寄り添い，患者様の目線でものを考え，言葉にならない思いを感じ取ることが重要であるとしている。エーザイは，この企業理念の実現に向けて「エーザイの価値創造のプロセスとフローのモデル」を定めている。このプロセスとフローは，国際統合報告評議会が2013年12月に公開したフレームワークとバランスト・スコアカードをベースに構成される価値創造の手法である。本事例では，このhhc理念の実現に向けた活動として行われている「hhc Driven Innovation 活動」とエー

ザイの情報提供体制について紹介する。「hhc Driven Innovation 活動」とは，hhc 理念を実現するための専任組織である知創部を中心に，知識創造の推進とイノベーションを創出できる組織風土の醸成を柱に活動している。

　エーザイでは，患者の真のニーズを理解するためには，患者とともに時間を過ごすことが重要であると考え，エーザイグループとして就業時間の1％，年間約2日間を患者とともに過ごすよう全社員に推奨している。知創部では，患者と過ごす機会として「現場体験研修」，「介護疑似体験研修」，「高齢者疑似体験プログラム」，「患者団体による工場見学や講演会」，「障害者支援施設での交流会」など幅広い活動を行っている。具体的な活動事例として2014年の環境・社会報告書には，「認知症早期発見のためのまちづくり」，「小児がんの子どもの研究所見学会」，「リンパ系フィラリア症の集団投薬支援」，「がん患者との交流」が掲載されている。これらの活動を通じて普段の企業活動では共有することが困難な患者の喜怒哀楽を共体験し，真の患者ニーズ実現に貢献する知識を創造する場としている。さらに，創造された知識を共有する場として「hhc イニシアティブ」という表彰制度を毎年開催している。「hhc イニシアティブ」とは，グローバルに展開されている「hhc Driven Innovation 活動」や社内公募論文などから，特に優秀な活動を表彰する制度である。この制度では，受賞者と各国グループ企業のトップマネジメントが参加し，お互いのベスト・プラクティスを発表し合い，創造された知識を共有する機会としている。このような活動から，患者満足を得ることができた具体的アウトカムとして，「日本向け新包種追加」や「英国・ハットフィールド工場の包装施設拡大」などの事例が紹介されている（エーザイ環境・社会報告書2014「患者様満足のために，製品供給，患者様・生活者とともに歩む」より）。

4. SECI モデルによる知識創造活動

　エーザイでは，このような患者の真実を知る機会を知識創造におけるSECIモデルの「共同化」として特に重視している。SECIモデルとは，野中が提唱した知識創造のモデルである（Nonaka and Takeuchi [1995]）。野中は価値を創

造することは，単に知識を共有や移転することでなく，知識創造のプロセスが必要であると述べている。そして，暗黙知と形式知の相互作用からなるSECIプロセスを「共同化」，「表出化」，「連結化」，「内面化」という事象の循環プロセスとして提示している。エーザイでは，SECIモデルを循環することで患者の思いを企業のイノベーションにつなげる活動として推進している。

SECIモデルは，捉え難い暗黙知を共同化および表出化することで形式知へ変換し，さらに形式知を連結化および内面化することで新たな暗黙知として体得する手段として広く用いられている手法である。製薬企業が患者とともに創造する価値の源泉は，SECIモデルで循環している暗黙知や形式知であり，これらの知識を統合することで患者価値が創造されるのである。

5. 医療従事者や患者との接点確保の重要性

医療用医薬品を扱う製薬企業では，医薬品に関する情報提供の対象は基本的に医療従事者とするのが一般的である。医薬品を最終的に服用するのは患者であるが，医薬品の選択から服用方法を決めるのは医師であり，医師への情報提供が主たる業務となることは医療用医薬品の特性上当然の流れである。しかしながら，適正に処方された医薬品が患者により適切に服用されないケースも散見され，患者への適正使用の情報提供も製薬企業に求められる重要な活動であると考えられる。製薬企業では，このような現状を改善するためにコンタクトセンターを開設している。コンタクトセンターは，医療従事者の他，患者や家族に対しても，医薬品に関する適正使用情報，疾患についての情報，疾患の予防など幅広い情報共有の場として活用されている。

エーザイでは，医薬品の提供だけでは解決が難しい問題に対し，患者視点での情報提供を通じて，患者やその家族のベネフィット向上を目指している。エーザイは，患者との直接的な接点としてコールセンター（hhcホットライン）やウェブサイト（Eisai.jp）なども展開している。hhcホットラインは，患者や医療従事者からの問合せに迅速に対応するために1990年4月に「お客様ホットライン」として業界に先駆けて開設された。「お客様ホットライン」は，365

日対応，フリーダイヤル化など電話しやすい環境を整え，2013年度には9万件以上の問合せに対応している。エーザイのhhcホットラインへの2013年度問合せ総数99,471件の内，12%は患者やその家族からの問合せである。この患者接点における応対は，患者に対する回答に留まらず，患者の声として企業の価値創造のための重要な源泉となっている。「hhcホットライン」を含め企業のコンタクトセンターでは，電話やメール，FAX，郵送やWebサイト等を媒体としたコミュニケーション手段を併設しており，患者との直接的もしくは間接的な相互作用による知識や価値の共創を支援している。さらにエーザイでは，問合せ対応の他，認知症啓発サイト「e-65.net（イーローゴ・ネット）」―認知症地域支援マップ―，わたしらしい暮らしを楽しむ乳がん患者のためのサイト「BreCare Garden」などを開設し，患者との交流の場を積極的に確保している。このように，エーザイでは「hhc Driven Innovation活動」を通じた交流の他，コールセンター，ウェブサイトなどを通じて，積極的に患者接点の確保に努めている。患者視点で医療サービスを俯瞰し，患者ニーズに対応すべく患者接点を多様化し，相互作用を通じた患者価値創造の支援を行うことは，価値共創マーケティングの基盤となる。これら患者接点の確保は，交換価値に焦点をあてた従来のマーケティング・コンセプトからの脱却であり，価値共創マーケティングの導入に必要な空間的，時間的拡張を補完する活動である。

6. 事例研究のまとめ

本事例からエーザイが行っている医療サービスを通じて，①知識創造プロセス（SECIモデル）の存在，②患者との共体験を通じた価値創造プロセスの存在，③MRを通じた医療従事者との価値創造支援活動の存在，④従業員やコンタクトセンターを通じた患者との価値創造支援活動の存在，⑤患者価値創造のための知識創造プロセスと価値創造プロセスの連携統合などを確認することができた。

第3節　考　察

1．知識創造から価値創造への連携

エーザイの事例研究から，知識創造プロセスと価値創造プロセスの関係について概説する（図表3-2）。

医療従事者や患者との共体験を通じて様々な暗黙知を得ることができる。暗黙知は知識創造プロセス（SECIモデル）を循環することで，企業活動に必要な資源に変換される。知識創造プロセスにより集積される様々な経営資源は，エビデンスレベルを考慮して幅広く医療現場に活用される基本的な知識の他，個々の患者のために活用される個別具体的な知識として蓄積される。これらの経営資源は，価値共創マーケティングのサービス（ナレッジ，スキル）として患者価値の創造を支援するサービスプロセスで活用させる。価値創造プロセス

図表3-2　エーザイによる知識／価値創造活動

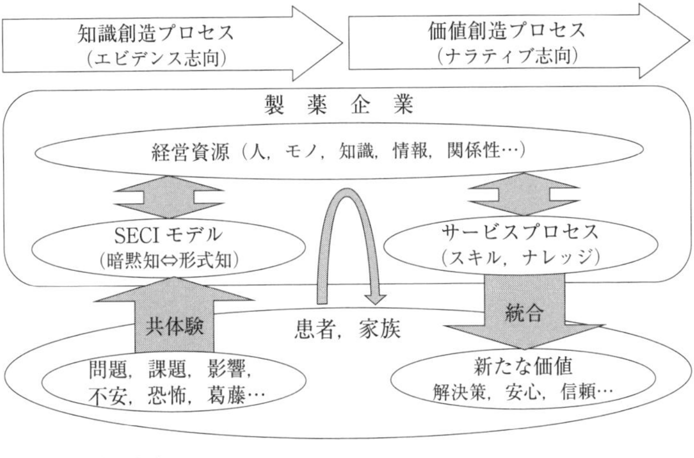

出所：筆者作成。

では，医療機関と患者間で共創された治療方針に基づいて，製薬企業から必要な知識が共創のための資源として統合される。患者本位の価値実現に向け，患者のナラティブが適切に構築されていく過程を支援することが製薬企業の役割となる。このように知識創造プロセスと価値創造プロセスが連携することで，患者本位の医療に貢献することができるのである。

製薬企業における医療サービスを知識創造の視点で捉えると，患者との共体験から得られた暗黙知をSECIモデルで循環することで新たな知識の創造が行われていることが確認できる。また，価値創造の視点で捉えると，様々な知識を統合することで患者のナラティブを再構築し最終的な患者価値の構築に寄与していることが伺える。これらのプロセスは，非日常的な「hhc Driven Innovation活動」における知識創造活動と，日々「hhcホットライン」へ寄せられる問合せとして独立して存在しているのではない。日々の企業活動の中で，患者との接点では知識創造と価値創造が一体化した共創が行われていると考えられる。「hhc Driven Innovation活動」を通じて患者は新たな価値を見出すこともあるし，「hhcホットライン」から患者の新たなニーズを発見することもあるだろう。製薬企業には，日々の患者や医療従事者とのコミュニケーション活動を通じて，新たな知識や価値の創造を意識した行動が必要である。これらコミュニケーションの場において暗黙知や患者ニーズという主観的で捉え難いものから客観的で相互理解できる形式知や共創価値を構築する必要がある。製薬企業では，SECIモデルにおける表出化やサービスの統合，サービスプロセスにおける価値共創の結果を通じて患者の客観的価値を認識することができるのである。

2. 医療サービスにおける価値共創マーケティング

本事例と価値共創マーケティングの考え方を参考に，製薬企業が関わる医療サービスとして新たなフレームを提案する（図表3-3）。

製薬企業が関与するプロバイダー領域では，製薬企業が製造する医薬品と適正使用情報が準備される。ジョイント領域では，診療プロセスとして医療従事

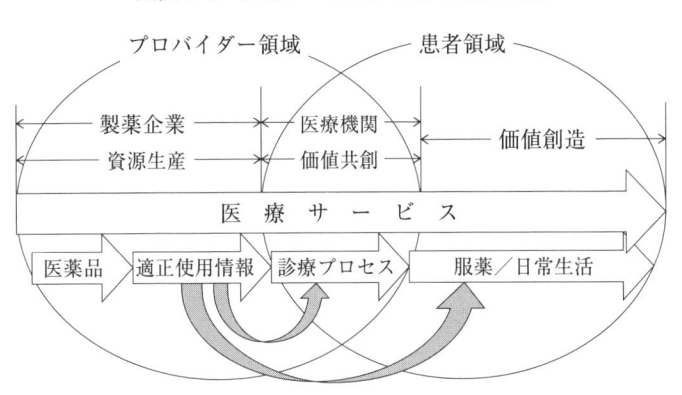

図表 3-3　医療サービスにおける価値共創

出所：Grönroos and Voima [2013] p.141 および村松 [2015b] 136 頁，図表 9-1 を基に筆者作成。

者と患者間で価値共創活動が行われる。製薬企業は診療プロセスに対して直接的な関与は行わないが，MR や Web サイト，コンタクトセンターを介して医療従事者や患者に対して適正使用情報の提供を行う。価値共創マーケティングとして製薬企業が行うべき活動は，医療従事者患者に対して多様な顧客接点を構築し，知識創造プロセスや価値創造プロセスを通じて患者価値創造に必要な適正使用情報を提供することである。

3. ナラティブ・アプローチの視点からの分析

　エーザイの事例から，患者との共体験を通じた価値創造について，ナラティブ・アプローチの視点から分析する。ナラティブの重要な要素である「語り」や「物語」の特徴を活用することで，新たな価値の構築や社会や他者との対立解消へと導くことができる。企業と顧客が価値を構築していくプロセスは，「現実は言語的かつ社会的に構築される」という社会構築主義の考え方で捉えることも可能であり，ナラティブ・アプローチにより顧客の主観的価値が構築されていくと考えられる。

　エーザイは患者との共体験を行うべく多様な患者接点を確保している。これ

らの患者接点における患者との交流こそが，患者価値実現のためのナラティブ・アプローチである。前述したコンタクトセンターにおける患者からの問合せ対応も，製薬企業と患者間で行われる患者価値構築の重要な機会である。この患者接点はサービス・マーケティングで言われている「真実の瞬間」であり，この短時間に行われる共創を有効に活用することで患者の価値創造を支援することが可能となる。この関係性をナラティブ・アプローチとして患者と製薬企業における価値構築の対話と捉えることが重要である。

　ナラティブ・アプローチの視点で考えることで，患者の価値創造を支援すると共に，様々な情報の入手，対話による患者満足度の向上，良好な関係性構築による従業員満足度の向上など多くの効果を得ることができる。また，ナラティブ・アプローチを用いることで，患者の主観的な価値や満足度といった患者の内心へ接近することが可能となる。企業視点で管理可能な資源として，客観的な要素のみを活用するだけでは患者の主観的な価値構築を支援することが難しい。ナラティブ・アプローチを通じて行われる主観的な物語の共有及び構築は，価値共創マーケティングにおける価値創造の支援と同義と解釈することが可能である。ナラティブ・アプローチを理解することで，患者の内心を理解するための想像力，患者の真のニーズを理解するための共感力，患者価値の創造を支援するための創造力を身に付けることが可能である。これらの能力はサービス・エンカウンターで業務を遂行する全社員が有すべき能力である。エーザイの様々な活動では，患者との共体験による知識の創造を重要視しており，知識創造の過程においてナラティブ・アプローチの手法を用いることで，患者価値構築を直接的に支援することが可能となるのである。

　本事例は，知識創造理論を基盤とした価値共創マーケティングのモデルと考えることができる。患者接点における知識創造プロセスから得られた知識が，価値創造プロセスを通じて様々な資源と統合することで患者価値が構築されるのである。本事例を通じて，ナラティブ・アプローチを考慮した価値共創を支援するマーケティングとして，①医療従事者や患者との直接的な相互作用が行える接点を確保する，②医療従事者や患者の喜怒哀楽に共感する共体験を行う，③共体験から得られた暗黙知を共有し新たな知識を創造する，④新たな知

識を医療従事者や患者と共有し患者の主観的価値創造を支援するなどが重要であると示唆された。さらに，本事例からは確認することができなかったが，⑤創造された主観的価値を集積し評価することで自社のサービスプロセスの改善を行う，ことを加えることで価値共創マーケティングを企業の最適なマーケティング手法として定着させることができると考えられる。

第4節　おわりに

1.　結論とインプリケーション

　医療サービスにおける患者価値創造には，医療従事者と患者による直接的な相互作用が不可欠である。製薬企業には，医薬品の販売や適正使用情報の提供を通じて患者価値創造の支援を行うことが重要な役割となる。患者価値創造の支援に必要な資源は，日々の知識創造活動で得られる様々な知識の集積が基礎となる。医療サービス全体で考えると，医療従事者と患者による直接的な価値共創活動を支援するために製薬企業が有するサービス，製薬企業や医療機関の他患者が有するネットワークを介したサービス，これらサービスの統合により患者価値が創造されるのである。

　本章ではエーザイの事例研究を通じて，価値創造には顧客接点における直接的な共体験や対話が重要な要素であることが示唆された。また，製薬企業の知識創造プロセス，医療現場でのEBMとNBMの統合を通じた患者価値の共創プロセス，製薬企業と医療機関や患者との患者価値創造に向けた支援活動という価値構築のプロセスを確認することができた（図表3-4）。

　製薬企業は，自社の医薬品価値を最大化するために知識創造プロセスを通じた様々な活動を行っている。医療機関では，患者本位の医療サービスを行いながら将来の医療サービスの向上に必要なEBMの蓄積を行っている。製薬企業や医療機関の活動は，患者価値が創造されることを目的として行われている。

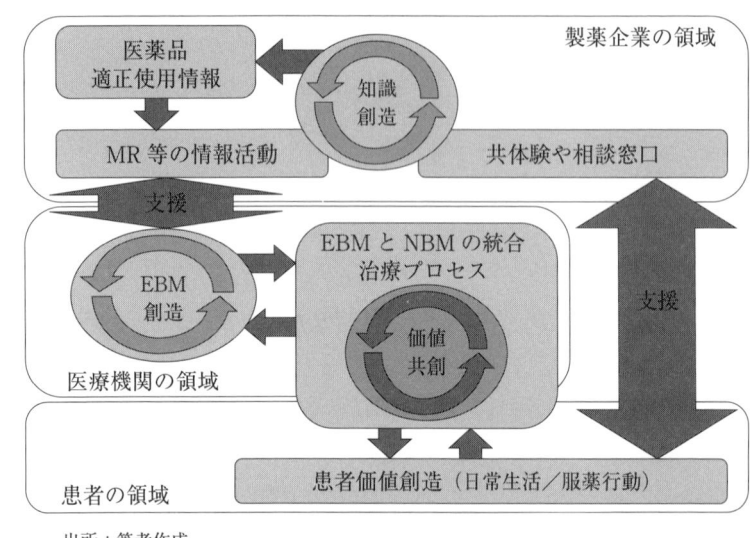

図表 3-4　製薬企業における患者価値共創への支援

[図：製薬企業の領域（医薬品適正使用情報、知識創造、MR等の情報活動、共体験や相談窓口）、医療機関の領域（EBM創造、EBMとNBMの統合治療プロセス、価値共創）、患者の領域（患者価値創造（日常生活／服薬行動）），支援の矢印で接続]

出所：筆者作成。

　これらの価値構築プロセスでは，患者の主観的価値を認識するために患者との直接的な相互作用が不可欠である。患者との直接的な相互作用に際して，ナラティブ・アプローチの手法を用いることで患者の主観に接続することが可能となる。

　製薬企業における価値共創マーケティングとは，製薬企業が有する医薬品や適正使用情報という資源，医療従事者が有するEBMという資源，個々の患者が目指すQOLという3つの要素を中核として統合することにより，新たな患者価値を創造する活動である。価値共創マーケティングを導入することで，既存の企業活動ではブラックボックスとして把握が困難な顧客の主観的価値を認識し，価値共創を支援することが可能となる。

2. 課題と展望

　本事例から，企業は顧客接点の確保に積極的に取り組むべきことが示唆され

た。しかしながら，顧客接点における価値共創の実態についての評価検証はほとんどなされていない。目指すべき顧客価値が正確に評価されなければ，サービスプロセスの改善や最適化は期待できない。顧客の主観的な価値を評価する指標として，顧客満足度調査や NPS®（Net Promoter Score：ネットプロモータースコア，NPS® は，ベイン・アンド・カンパニー（Bain & Company），フレッド・ライクヘルド（Fred Reichheld），サトメトリックス・システムズ（Satmetrix Systems）の登録商標）などの導入も進んでいるが，各企業が自社の顧客価値を正確に社内で共有できているかは疑問である。今後の企業活動に必要となる，顧客価値の評価手法や社内へのフィードバック手法についての検討は，今後の研究に期待する。

　企業収益の源泉は，知識創造プロセスにより得られた様々な知識であり，これら知識と顧客価値創造を接続する手法が価値創造プロセスである。顧客の主観的価値の実現により，顧客満足度や顧客経験価値が得られるとすれば，価値創造プロセスを解明することにより，企業活動と顧客満足度や顧客経験価値との接続が明確となる。価値共創型マーケティングの中核である顧客価値創造プロセスについての研究は，今後のマーケティングにおける重要な研究テーマである。

（佐藤　幸夫）

第4章

B to C，B to B で同時展開される価値共創マーケティング
―オタフクソースの事例から―

第1節　はじめに

　本章では，オタフクソース株式会社を取り上げる。同社のお好み焼館が展開する個性的な活動は，メディアでしばしば紹介されてきた。その活動は「広島お好み焼という食文化の普及活動」とも言うべきものであり，巨大な木の卵をイメージした「Wood Egg お好み焼館」を拠点として，お好み焼の情報提供，試食キャラバンを全国展開している。この対象は，消費者にとどまらず，お好み焼店を起業しようとする事業者に対しても，お好み焼店開業研修を実施するほどの徹底ぶりである。しかし，こうした活動は，商品販売を直接目的とする活動ではないため，伝統的な 4Ps マーケティングのフレームワークでは説明できず，オタフクソースの本業との関連性についてきちんと説明する研究は行われていなかった。

　筆者は，お好み焼館の展開する活動が，消費者，事業者との価値共創を目的とするマーケティング活動として捉えられないかと考えた。こうした問題意識のもと，オタフクソースのケース・スタディに取り組んでいる。なお，同社は，オタフクホールディングス株式会社の子会社であり，お多福グループの主

要な活動を担う中核企業である。そのため，実質的に，お多福グループの活動は，オタフクソース株式会社の活動と同義であるため，本研究では，お多福グループとオタフクソース株式会社を同一の組織として研究対象としている。

また，マーケティング研究のフレームワークとして，価値共創における4Cアプローチ（村松 [2015b] 145頁）を適用し，分析を行っている。このケース・スタディを通して，価値共創マーケティングにおける4つの研究課題（村松 [2015b] 146頁），すなわち，「(1) 消費プロセスにおける顧客の消費行動の解明」，「(2) 顧客の消費プロセスで行うマーケティングの解明」，「(3) 企業と顧客の価値共創プロセスの解明」，「(4) 共創される文脈価値の解明」のうち，(1)〜(3)について取り組んだ。なお，(4)の共創される文脈価値の解明については，今回，同社の顧客に対する調査を行っていないため本章では取り上げない。また，同社の企業システムについて，価値共創型企業システム・モデル（村松 [2015c] 166頁）を適用し，価値共創型企業として同社の経営システムを解釈した。

オタフクソースの活動については，同社が積極的に情報発信を行っているため，豊富な2次資料が存在している。そのため，研究の第1段階として，2次資料の収集，検討から始めている。そうした予備調査により，論点を整理した上で，第2段階として，同社に対するインタビュー調査を行った。まず，2015年7月31日，本社において，社長室チーフスタッフの小原静香氏にインタビューを行った。さらに，2015年8月10日，同社のWood Eggお好み焼館会議室において，小原静香氏同席のもと，執行役員マーケティング本部　お好み焼館館長　松本重訓氏とのインタビューを行った。松本氏は，オタフクソースのお好み焼普及事業について最も詳しい人物である。同社が展開する活動について，価値共創の視点からどう捉えることができるかについてインタビューすることができた。なお，インタビュー対象者には，随時，内容の確認を行っている。

以上の1次情報，2次情報の蓄積をもとに事例研究を行った。

第2節 事例研究

1. オタフクソースの概要

　広島県広島市に本社をおく,「ソース, 酢, たれ, その他調味料の開発・製造・販売」を行うメーカーである。消費者には「オタフクお好みソース」というお好み焼用ソースのメーカーとして全国的に知られている。また, 事業者には, 全国各地のお好み焼店, 鉄板焼店に同社のソースが導入されている。

　同社は, 1922年, 広島市において, 佐々木清一氏によって創始された。その後, 現在まで, 創業者一族による経営が続いている。創業当初は, 酒, 醬油類の卸小売業であったが, 1938年, 醸造酢の製造を開始した。その後, 1945年の原爆投下による全焼を経て, 復興を遂げる。

　その過程で, 1950年, 洋食向けにウスターソースの販売を行う。その際, 販路開拓で訪れたお好み焼店において,「サラサラとしたウスターソースはお好み焼から流れ落ちて, すぐに鉄板の上で蒸発してしまう」との声を聞き, お好み焼専用ソースの需要があることが分かったため, ソースの開発を開始。お好み焼店店主とやり取りを重ねながら, 味やとろみを調整し, 1952年, お好み焼用ソースを販売開始。当初は, 従来のウスターソースとまったく異なるとろみや味わいに, なかなか市場の理解を得られなかったが, 徐々に支持を得て, お好み焼用ソースの地位を固めていった。

　さらに, 1957年, 家庭用に「オタフクお好みソース」を発売。その後, 1982年に開発された包装パッケージにより, 長期間の品質保持が可能になったため, それまで広島県内に限定されていた販売エリアを, 中国地方, 瀬戸内海沿岸, 首都圏へと拡大していった。

　1986年, 広島に次いで, 東京にお好み焼研修センターを開設。その後も, 1998年に名古屋, 大阪, 福岡, 2000年に岡山, 2006年に高松, 2009年に仙台

と営業拠点と併設する形でお好み焼研修センターを開設。2008年に，お好み焼の歴史や文化を発信するため，お好み焼店開業支援研修を行う施設や，お好み焼教室ができる「キッチンスタジオ」を備える，Wood Egg お好み焼館を建設した。2013年に，中国，アメリカで工場が完成するなど，海外進出も開始している。

2. 企業理念と組織体制

(1) 企業理念

　企業理念とは，いわゆる，マーケティング理念に置き換えられる。なぜなら，マーケティング理念は，マーケティングを軸としつつ，他の経営諸機能をマーケティングの視点から統合する考え方であり，価値共創型企業システムの基本思想にあたるものだからである。(村松 [2015c] 165 頁)

　インタビューによりわかったのが，オタフクソースは，極めて価値共創的な企業理念を掲げており，その実現に向けて，あらゆるマーケティング活動が統合されていることである。その企業理念の特徴を表すのが「モノ売りより，コト売り」，「たらいの水哲学」という2つの理念である。なお，この企業理念は，経営者の訓示や朝礼において，日々，繰り返されている。そのため，全従業員に浸透しており，あえて明文化する必要がないのだという。

　なお，「モノ売りより，コト売り」の解釈は，商品（グッズ）を売るのではなく，商品を使った顧客の喜び（サービス）を売りなさいという意味である。これは，経営者より繰り返し強調されている重要な理念だという。また，たらいの水哲学とは，2014年10月に改訂される以前の経営基本理念において「私たちは，人々に喜びと幸せを広めることを自らの喜びとします。」という言葉と共に掲げられており，これは，インタビューでも，下記のような言葉で表現されている。

　「たらいの水は，たらいの中で水をしっかりかき寄せても波は寄ってこない。だけど，向こうにあててやると，波は返ってくる。歴代の社長が『自分たちが

得をしようと思ったら，それは自分たちのあがきだけで終わるんだ。自分たちが喜ぼうと思ったら，人様に喜んでもらえ。人様が喜んでくれたら自分たちに返ってくる。』と朝礼で何度も言われたものです。」(松本氏)

　言い換えれば，利他を貫くことで，結果として自らも恩恵を得ることが出来るという意味であろう。そうした企業理念に込められているのは「商品を売るという販売活動を優先させてはならない，顧客が商品を使用して喜びを感じる文脈価値こそが，経営目的である。」という強い意志であることがインタビューからわかった。

(2)　組織体制

　価値共創的な企業理念を掲げるオタフクソースは，その企業理念を編成原理として，組織の構造化を進めてきた。そのため，「マーケティング部」と「お好み焼館」という2つの部署を設置している。そして，間接的なマーケティング活動を中心に展開する「マーケティング部」に対して，BtoB，BtoCを問わず顧客との直接的な接点を持ち，価値共創マーケティングを推進する「お好み焼館」という業務区分となっていることがインタビューよりわかった。しかし，どちらの部署も，「コト売り」を目的とする活動を行っているという。例えば，お好み焼館が，顧客たる消費者より収集したお好み焼のレシピのうち，優れたものは，マーケティング部が，メディアを使って広く消費者全体に伝達するといった連携が行われる。

　同社は，価値共創マーケティングを推進するため，マネジメント・プロセスにおける内部統合(村松[2015c] 164頁)を実現している。これを可能にしているのが，組織全域におけるマーケティング・マインドの共有である。(村松[2015c] 164頁)顧客と直接，接する部署だけではなく，生産部門，間接部門を含めた全従業員に対して，企業理念に基づくマーケティング・マインドの共有を求めている。

　具体的には，年1回の全従業員による小売店での店頭試食を行っている。また，グループ社員約700名中，445名(2014年10月1日現在)が保有する社内資格「お好み焼士」制度を設けているほか，新人研修で農場におけるキャベツ

栽培を行うなど，研修制度を充実させている。なかでも，年1回の全従業員による店頭試食は，自社商品を使用する顧客たる最終消費者の声に直接耳を傾ける貴重な機会とされており，試食回数だけでなく，顧客と対話した回数と内容まで報告することになっている。こうして，自らの体験を通じて「顧客が自社商品を使用してどう感じているか」を理解するための場となっていることがわかった。

3. 最終消費者に対する価値共創マーケティング

(1) 消費プロセスにおける最終消費者の消費行動

顧客たる最終消費者の消費プロセスを整理すると，大きく2つに分けられる。1つは，自宅でお好み焼を調理する際にソースを使用するというプロセスであり，もう1つは，お好み焼店などの飲食店でソースを使用するというプロセスである（図表4-1）。

図表4-1 B to Cの消費プロセスと対応するコンタクト

《「自宅」で使用》	
消費プロセス	対応するコンタクト
C1-1. 小売店でソースを買う。	全社デモ販売，研修を受けた店頭販売員の派遣
C1-2. 自宅でお好み焼を調理する。	お好み焼教室，レシピ提案，全社デモ販売
C1-3. お好み焼を食べる。	小学校食育事業，キャラバンカー団らん号
《「お好み焼店」で使用》	
消費プロセス	対応するコンタクト
C2-1. お好み焼店を探す。	[Web] おこなび http://www.okonavi.com/
C2-2. お好み焼店に行く。	全社デモ販売，お好み焼教室，小学校食育事業，キャラバンカー団らん号
C2-3. お好み焼を食べる。	小学校食育事業，キャラバンカー団らん号

出所：お多福グループ[2014] 13頁とインタビューをもとに著者作成。

(2) 最終消費者の消費プロセスにおけるマーケティング

オタフクソースが主に取り扱うお好み焼ソースの場合,厳密な意味での最終消費者による使用とは,自宅で調理する瞬間,もしくはお好み焼店でお好み焼を食べる瞬間である。しかし,同社が使用の瞬間に直接関与するのは難しい。そのため,使用が指す時間軸を長くとり「自宅で調理して食べる」もしくは「お好み焼店に行って食べる」という使用のきっかけとなる消費プロセスに,同社が直接関与することを,本章では直接的な相互作用(村松 [2015b] 133 頁)と捉えている。そうした視点でみていくと,(1) で挙げた消費プロセスに関与するための活動が,多数展開されていることがわかった(図表 4-1・図表 4-2)。

ここで注目すべきは,こうした活動が継続されていることである。一度,開始された活動は,毎年同規模で展開され,継続実施される。例えば,キャラバンカー団らん号による試食キャラバンは,2000 年に開始されたが,以来,毎年 20,000 食から 30,000 食の提供を続けている。その他の小学校食育事業,大学の学園祭支援事業「100 学祭」なども同様である。

(3) 企業と最終消費者の価値共創プロセス

お好み焼教室における価値共創プロセスを整理する。顧客たる最終消費者は,Web もしくは電話で応募し,教室に参加申請を行う。当日会場において,講師から,お好み焼の知識と焼き方を学び,自らも調理・試食をする。最後にアンケートを書いて終了となる。この教室には,年間約 10,000 人が参加している。(お多福グループ [2014] 13 頁)

オタフクソースは,こうしたお好み焼教室を,自社の企業理念に従い「美味しい状態のお好み焼を自社のソースと共に食べてもらいたい」という思いで実施しており,調理技術だけでなく,食文化としてのお好み焼を伝える内容としている。顧客たる最終消費者は,お好み焼という食文化について理解を深めることができ,また,自宅で調理してみようと考える(図表 4-2)。

「使ってもらうためだけなら,CM で使ってもらう動機付けは出来ますが,それで終わりじゃない。使ってもらっただけじゃだめ,買ってもらっただけで

図表 4-2　2014 年度に実施された B to C のコンタクトと相互作用

分類	コンタクト	参加人数	対象	相互作用
自社施設	Wood Egg 展示施設	16,434 人	男女全年齢	展示見学，質疑応答
	お好み焼教室	10,000 人	おもに親子	作る，食べる，学ぶ
外部開催	キャラバンカー団らん号	36,423 食	男女全年齢	食べる，学ぶ，対話
	店頭販売員の派遣	−	男女全年齢	食べる，対話
	全社デモ販売	67,716 食	男女全年齢	食べる，対話
教育事業	自社出版の絵本寄贈	−	幼稚園児	絵本を読む
	小学校食育事業	89 校	小学生	作る，食べる，学ぶ
	100 学祭	50 校	大学生	作る，食べる，学ぶ
情報提供	レシピ提案	−	主に主婦	レシピ収集，提案
	おこなび（Web）	−	男女全年齢	お好み焼店検索

出所：お多福グループ [2014] 13 頁とインタビューをもとに著者作成。

もだめで，そこで，喜んでもらって『よかったね』と言ってもらえることが一番の目的なんですね。」(松本氏)

　上記の松本氏の言葉の通り，お好み焼館によるマーケティング活動は，直接販売ではなく，「顧客の文脈価値を高めること」を目的としている。そのため，短期的な費用対効果は検証されていない。ただし，5 年〜10 年の長期的な視点から観た場合，販売に影響すると社内的には理解されているという。そのため，同社のシェアは高いが，お好み焼ソースの使用頻度が低いという調査結果が出ている地域に対して，重点的にキャラバンカー団らん号や店頭試食を展開することもある。

4. 事業者に対する価値共創マーケティング

(1) 消費プロセスにおける顧客企業の位置づけ

　オタフクソースの顧客企業は，お好み焼店・鉄板焼店などの「飲食店」，特注品の開発・製造を請け負う「大手企業」，卸売店・小売店など「流通業」の

3つに分類できる。飲食店への販売と大手企業からの特注品の開発・製造を合わせた売上げと，流通業を介した消費者に対する売上げの比率はほぼ50:50だという。

本章では，上記の顧客分類のうち，飲食店に対する活動に焦点をあてる。飲食店におけるソースの消費は，最終消費者に提供することで行われる。そのため，オタフクソースのB to B顧客である飲食店では，最終消費者に対するB to Cマーケティングが行われている。そこで，飲食店において，最終消費者に対して価値共創マーケティングが展開されるよう，オタフクソースによるB to Bマーケティングが行われていることが分かった。

(2) 消費プロセスにおけるB to Bマーケティング

飲食店において，美味しいお好み焼が提供されなければ，消費者は文脈価値を感じることはできない。第3項(1)で整理したように，最終消費者の消費プロセスは，自宅でお好み焼を調理する際にソースを使用するというプロセス，お好み焼店などの飲食店でソースを使用するというプロセスの2つの消費プロセスに分けられる（図表4-1）。つまり，オタフクソースが，自宅消費のプロセスにおいて，顧客たる最終消費者の文脈価値を高めても，もう一方の飲食店消費のプロセスにおいて文脈価値が感じられなければ，価値共創マーケティングの効果は期待できない。そのため，同社では，B to Bマーケティングとして，飲食店に対して，最終消費者が美味しいと感じるお好み焼の調理法だけでなく，店舗コンセプトやメニューの提案など運営面での支援を行っている（図表4-3）。

まず，お好み焼店の開業を予定している事業者に対して，「お好み焼店開業研修」を行っている。そこでは，調理法だけでなく，細かい経営ノウハウも伝授する。お好み焼店における最終消費者の文脈価値は，味だけではなく，店舗の雰囲気，メニューなど様々な要素で判断される。そうした意味で，お好み焼店に来店された最終消費者に対して，価値共創マーケティングを展開してもらうための開業研修である。

また，毎年1回，全国5カ所で「お好み焼提案会 活力フェア」を開催して

図表 4-3　B to B における顧客のビジネス・ステージとコンタクト設計

ビジネス・ステージ	コンタクト			
起業検討		お好み焼・たこ焼店開業説明会		
情報収集		^		
開店を決意		^		
物件など店舗仕様の決定	お好み焼課によるアドバイス	お好み焼店開業研修		
メニュー等ソフト面の決定	^	^		
ソースの採用決定	^	^		
ソースや各種資材の手配	営業部門によるサポート	^		
開店準備	お好み焼課・営業部門による合同サポート	開業直前特訓講座	お好み焼提案会活力フェア	[B to B 顧客のWeb 窓口] *
開店	^	同窓会	^	^
開店 3 年未満	^		^	^
開店 3 年以上	^		^	^
開店 5 年目	^	5 周年表彰	^	^
開店 10 年目	^	10 周年表彰	^	^
開店 15 年目	^	15 周年表彰	^	^

* おこのみぃ.com　<https://www.otafuku-oconomy.com/>

出所：お多福グループ [2014] 11 頁とインタビューをもとに著者作成。

いる。そこでは，おつまみメニューや，新しい食材を使ったお好み焼の提案など，お好み焼店の来店者が喜びを感じられる新しいアイデアを多数提案している。こうした活動は，企業理念である「モノ売りより，コト売り」が目的であるため，自社商品を採用していない飲食店でも参加することができるという。

(3)　オタフクソース，顧客企業，最終消費者間の価値共創プロセス

　オタフクソースと飲食店と最終消費者，三者間の価値共創プロセスを整理する。お好み焼店に代表される飲食店は，最終消費者の消費プロセスにおいて主要な一翼を担っている。そのため，オタフクソースは，B to B のマーケティング活動を通して，飲食店の運営に直接関与している。その結果，B to B の顧客たる飲食店による B to C の価値共創マーケティングが実現していた。

そうした飲食店の運営への関与は，顧客企業の業績に直結する内容だけに，それを担うお好み焼館にも，膨大なノウハウ蓄積が必要になる。また，顧客企業の信頼を得るために，長期にわたって向き合っていくという姿勢を示す必要がある。例えば，お好み焼館では，開店5年表彰，10年表彰，15年表彰と，開店後の年数によって，顧客企業に表彰状と記念品を授与している。そこからも，長期的な共創関係が存在していることがわかる。

第3節　考　察

1．価値共創型企業システムの構築

オタフクソースは，企業理念の実現に向けて，価値共創志向の組織とマーケティング戦略が培われてきた，価値共創型企業システム・モデル（村松 [2015c] 161頁）のケースである。

全般的に，利他的なマーケティング活動が認められ，「他者（顧客）のために尽くすことが，長期的には自社のメリットになる」という理念に従い，「顧客が自社商品を使用して感じる喜び」を感じるためのマーケティング活動に取り組むなど，極めて価値共創的な要素を確認することができた。

だが，「顧客が自社商品を使用して感じる喜び」を目的とする企業理念を掲げれば，オタフクソースと同様の成果が得られるわけではない。この企業理念の実現が，何よりも優先されるという経営者の意思が不可欠である。そして，その意思が，従業員全員で共有されていることが価値共創型企業システムを構成する前提条件となる。

そして，企業理念実現のために，顧客の使用に直接関与するマーケティング活動を推進する「お好み焼館」を組織し，B to B，B to Cの両面において大規模な価値共創マーケティングを展開していた。

一方，全従業員に企業理念の浸透を図るため，社内制度「お好み焼士」を整

備するなど，様々なインターナル・マーケティングを展開していることが確認できた。こうした施策により，企業理念を心から理解している従業員がパートタイム・マーケター（Gumnesson [1991]）となり，質の高いコンタクトが実施されることで，顧客は高い文脈価値を感じることができる。

2. 消費財メーカーによる最終消費者の使用への関与

オタフクソースは消費財メーカーであり，B to Cでは膨大な数の顧客たる最終消費者を抱えている。そうした，不特定多数の顧客の消費プロセスに関与し，文脈価値を高める価値共創マーケティングを実施するためには，多大なコストがかかり，その費用対効果も測定しにくい。そのため，一般的に消費財メーカーは4Psマーケティングを採用することが多い。

しかし，同社では，広範な価値共創マーケティングが確認できた。それは先に述べた「たらいの水哲学」「モノ売りより，コト売り」に代表される同社固有の価値観に従い，独自に考案されたマーケティング活動であった。そこでは，顧客たる最終消費者が自社商品を使用して喜んでもらう（文脈価値を高めてもらう）ために，自社商品を使用する教室を開催し，大規模な試食キャラバンで自社商品の魅力を活かす食べ方を伝えていた。他にも多くの活動が行われていたが，そこに一貫していたのは「顧客が感じる喜び」を追求する姿勢である。

図表4-2の活動から推計しても，2014年度の一年間で，10万食以上のお好み焼を顧客たる消費者に食べてもらい，一人一人との直接的な相互作用を行っている。年間10万人以上の顧客が「お好み焼の美味しさ」を実感し，「今度，習った方法で調理してみよう」と考えると思うと，オタフクソースのマーケティング活動により高められた文脈価値の大きさが理解できる。

3. B to B，B to Cで最終消費者の消費プロセスへ関与

オタフクソースのマーケティング活動を整理すると，B to Cでは，最終消

費者との広範なコンタクトを設計し，様々な相互作用を起こしていた。これにより，最終消費者は，自宅でお好み焼を作りたい，お好み焼店でお好み焼を食べたいと感じ，文脈価値を高めるきっかけとなっていた。そして，最終消費者は，同社のソースを購入し，自宅において使用する。もしくは，お好み焼店に代表される飲食店にいき，同社のソースを使用する。

　そこで，B to B において，飲食店では，開店準備から開店後の運営にいたるまで，顧客企業との長期的なコンタクト設計がされていた（図表4-3）。そして，同社による顧客企業の運営への直接的相互作用により，関与した顧客たる飲食店において，よい雰囲気の中，美味しいお好み焼が提供される。こうして，最終消費者の抱く文脈価値が高められ，飲食店における最終消費者の消費プロセスにおいて価値共創マーケティングが展開されていた。

　最終消費者の消費プロセスは，自宅消費と飲食店消費の2つが存在するため，オタフクソース1社だけで網羅するのは難しい。そのため，お好み焼店に代表される飲食店などの顧客企業と協力して，最終消費者の消費プロセスへの関与を行っているのである。このように，同社では，B to B，B to C で価値共創マーケティングを同時展開することで，最終消費者の消費プロセス全体が網羅されていた。そのため，同時に実施する必要性は高い。

第4節　おわりに

　オタフクソースが消費財メーカーでありながら，商品（グッズ）販売にとらわれた伝統的な4Psマーケティングから解き放たれたのは「モノ売りではなく，コト売り」という企業理念の徹底によるものであった。これは，価値共創型企業システム・モデル（村松 [2015c] 161頁）で指摘された，組織全域におけるマーケティング・マインドの浸透にあたる。これにより，企業と顧客の相互作用が，統合的にマネジメントされる内部統合が実現していた。

　また，本ケースでは，「(1) 消費プロセスにおける顧客の消費行動の解明」，「(2) 顧客の消費プロセスで行うマーケティングの解明」，「(3) 企業と顧客の

価値共創プロセスの解明」に取り組んだ。

「(1) 消費プロセスにおける顧客の消費行動の解明」については, B to C では, 複数の消費プロセスが確認された。一方, B to B では, 長期的なビジネス・ステージに沿って消費プロセスが繰り返されていた。

「(2) 顧客の消費プロセスで行うマーケティングの解明」については, B to C では, 多数の顧客たる最終消費者の使用に関与するために, 消費プロセス毎に多様なコンタクトが設計されていた。一方, B to B では, ビジネス・ステージに合わせて, 顧客企業のニーズに最適化したコンタクトが設計されていた。どちらのマーケティングも長期間継続されており, 顧客との長期的な取引を意図していた。

「(3) 企業と顧客の価値共創プロセスの解明」については, B to C では, コンタクトを担う従業員と顧客たる最終消費者の対話による直接的な相互作用の発生に配慮された活動が行われていた。一方, B to B では, ビジネス・ステージに合わせてマーケティング活動を変化させることにより, オタフクソースと顧客企業の価値共創領域の拡大が行われていた。

ここで, ケース・スタディから得られた, 価値共創マーケティング実践への含意として, 以下5つの実行段階が存在することを指摘しておく。(1) 顧客が文脈価値を生みやすい「企業理念」, もしくは, サービス・マーケティング研究でいう「プロミス」(Grönroos [1989]) を定める。(2) 顧客の消費プロセスを把握する。(3) それぞれの消費プロセス毎に, コンタクトを設計する。(4) 各コンタクトにおいて, 顧客と価値共創するために, どのように相互作用を起こすかを設計する。(5) 設計したマーケティング活動を長期にわたり繰り返す。そして, (5) の活動は, 企業理念を共有する従業員が担うことで, より効果的に顧客の文脈価値を高めることができる。上記の5つの実行段階は, B to C, B to B の両方で確認できた。

本ケースの特徴は, B to B と B to C の価値共創マーケティングを同時展開していることである。そこから, B to B と B to C の同時展開により, 顧客たる最終消費者の消費プロセスに, より密接に関与できることが発見できた。すなわち, B to B において顧客企業の運営に関与することで, 顧客企業による

最終消費者への価値共創マーケティングを支援しており，これにより，自社によるB to Cの価値共創マーケティングでは網羅しきれない消費プロセスへの関与を可能にしていた。

　また，本研究で明らかになったのは，オタフクソースが長年，多数の顧客たる最終消費者と，お好み焼店に代表される顧客企業と，それぞれ直接的な相互作用を起こすことで，顧客たる最終消費者が感じる文脈価値を高めることに成功してきたという事実である。それは，価値共創マーケティングの壮大な実験であったといえる。その結果，同社の売上げは，過去20年間，毎年成長を続け108億円から224億円へと2倍以上に拡大しており，そこから読み取れるのは，消費財メーカーにとって価値共創マーケティングがもつ潜在力である。

　最後に，今後の研究課題について述べる。オタフクソースの顧客に対する調査を行っていないため，本稿では，価値共創マーケティングの研究課題（村松[2015b] 146頁）のうち，「(4) 共創される文脈価値の解明」について研究できなかった。今後，同社の顧客に対する調査を行うことで，「共創される文脈価値」について多くの発見と示唆が得られる可能性が高いと考える。

（菅生　一郎）

第5章

ハーレーダビッドソンにおける価値共創
―ユーザーと他の主体間関係から―

第1節　はじめに

1. 目　　的

　村松 [2015b] は，4Ps によるマーケティング・マネジメントに対比し，これからのマーケティング研究は，取引交換後の価値共創を舞台としたマーケティング理論と手法を新たに生み出す必要性を指摘した。そのために価値共創の新しいマーケティングを理論化し，実践に結びつけていくための研究課題は，大きく4つに区分できるとしている。

　すなわち，①消費プロセスにおける顧客の消費行動の解明，②顧客の消費プロセスで行うマーケティングの解明，③企業と顧客の共創プロセスの解明，④共創される文脈価値の解明，の4研究課題である。取引交換後の価値共創とは，顧客起点で企業と価値共創することである。しかしながら，これら4課題の究明には大きな困難がある。それは，取引交換後における価値共創の実態が見えにくいことである。企業と顧客の関係が One to Many（1対多数）であれ

ば，Oneに相当する企業の活動は取引前の4Psによって体系化し明らかにしやすい。一方，Manyに相当する顧客起点の価値共創は顧客当事者のみが知るところであり，閉ざされた世界であると言える。

　本章では，オートバイメーカーのハーレーダビッドソン（以下，ハーレー）を題材に上記の4研究課題について考察する。ハーレーは，競争関係にある国内バイクメーカーと比較して小規模体であるが，大型バイク市場においては1位のシェアを獲得している。その特殊性の背景に，ハーレーは，有形財である「モノ（車両）」と共に無形財の「楽しむ価値」を顧客へ提示していることが起因している。ハーレーを取り上げたのは，メーカーから顧客への価値提示が明文化されているため，見えにくい取引交換後の価値共創の実態を明らかにしやすい点にある。これまでS-Dロジックの概念を理解するためにたびたびハーレーの事例は取り上げられた。それらは，ハーレーがグッズとサービシィーズの両面から価値提示しているという取引交換前の表層的な説明に留まるものであった。そこで，ハーレーが提示した「楽しむ価値」を顧慮しながら，取引交換後の関係各者の実態を分析することで，これまで見えにくかった価値共創マーケティングの実態を深掘りして考察することを目的とする。

2. 研究の枠組み

　1950年代に始まったマーケティング・マネジメントは，Borden [1953][1]，Howard [1957]を経てMcCarthy [1960]により4Psに体系化され，Kotler [1967]に引き継がれて今日に至っている。そして，それらの管理・操作対象は，製品（product）・価格（price）・販路（place）・販促（promotion）であり，管理・操作の主体者は企業のマーケティング・マネージャーが想定されている。また，4Psの先には市場が存在し，その中には消費者が包括されるが，消費者は統制不可能要素として位置づけられてきた（村松 [2015a]）。また谷地 [2012] は，4Psが製品管理に偏重しがちであることから，顧客・消費者が求める「モノ＝製品」ではなく，「コト＝価値」という視点で考えるべき，という顧客・消費者目線の「コト発想」の必要性を指摘している。4Psというマーケティング手法

が消費者を統制対象外とし，顧客・消費者目線から離れてしまう要因として，4Psの焦点が取引交換前に置かれていることが考えられる。つまり，4Psは取引交換前の企業が主導する製品マーケティングを重視しているが，取引交換後の消費者が主導するマーケティングについては言及していない。

では，取引交換後の消費者主導のマーケティングはどのように行われているのだろうか。この主題を研究するために，①消費プロセスにおける顧客の消費行動の解明，②顧客の消費プロセスで行うマーケティングの解明，③企業と顧客の共創プロセスの解明，④共創される文脈価値の解明，の4研究課題を取り扱う。そのための研究枠組みとして，村松[2015b]が掲示した4Cフレームを用いる。4Cとは顧客との接点（contact），顧客とのコミュニケーション（communication），顧客との共創手法（co-creation），共創された文脈価値（value-in-context）である。事例研究で，消費者・顧客（以下，ユーザー）をめぐる関係者はどのようなマーケティングを展開し，価値共創しているかに着目し，4Cフレームに落とし込んで分析を行う。

調査手法としては取引交換後の価値共創という視点から，筆者が実際にハーレーユーザーとなり，1年間以上にわたりユーザー視点からの参与観察を試みた。またハーレーをめぐる関係者を2社抽出し，インタビューを行った。1つは正規ディーラーである陸友モータース（東京都大田区），次にカスタムショップであるパインバレー社（神奈川県横浜市）である。

第2節　事例研究

1. 全体像

ハーレーはアメリカに本社を置くオートバイメーカーで，日本ではハーレーダビッドソンジャパン株式会社（以下，HDJ）が輸入を引き受けている。同社のオートバイ排気量は最低749ccからであり，すべての車種は運転するために

大型自動二輪免許が必要である。車両の平均単価は約 200 万円と国内同排気量メーカー価格の約 2 倍にも関わらず，2000 年以降排気量 751cc 以上の大型バイク市場でナンバーワンシェアを維持している。2006 年度には，同市場のシェアは 33％に達し，大型バイクのおよそ 3 台に 1 台がハーレーという状況に達している。市場シェアの大きさとは逆に，HDJ は資本金 4 千万円，従業員 61 名で運営しており，大手メーカーであるホンダ・ヤマハ・スズキ・カワサキと比較して極端に小規模である。車両は，HDJ が認可した 127 社の正規代理店を通じて販売されている（2011 年 12 月現在）。

参与観察の結果，ユーザーを取り巻く関係者の全体像を表したのが図表 5-1 である。関係者は，メーカーである HDJ，正規ディーラー，ユーザー群，カスタムショップの 4 つが存在した。

取引交換後にユーザーをめぐる 4 関係者から成り立つ関係線は，5 つある。①メーカー（HDJ）とユーザー，②正規ディーラーとユーザー，③メーカーとディーラー，④愛好家を中心としたユーザー群とユーザー，⑤カスタムショップとユーザーである。それぞれ順に詳説する。

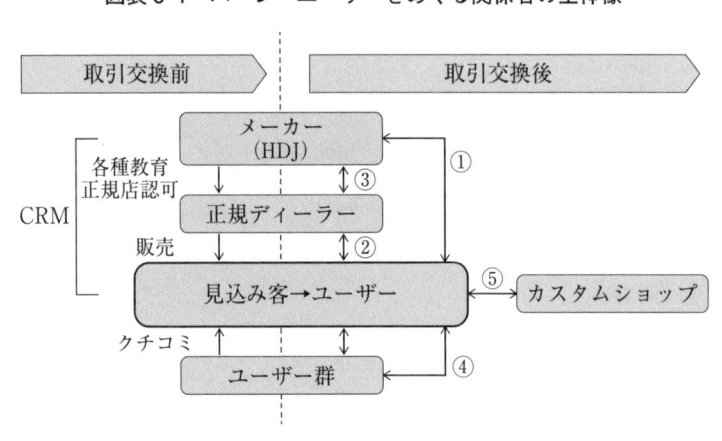

図表 5-1　ハーレーユーザーをめぐる関係者の全体像

出所：筆者作成。

2. メーカーとユーザーの関係①

　ユーザーが新車のハーレーを購入できるのは，HDJ が定めた正規ディーラー経由のみである。そのため，HDJ 自体はユーザーとの直接接点は希薄であるが，合計 4 つのマーケティングを行っている。

　第 1 は，「ハーレーの 10 の楽しみ」という価値提示である。ハーレーは実用目的ではなく，趣味目的で購入する顧客が多いため，「モノ（車両）」という有形財とともに，無形財の「楽しむ価値」を提供している。「モノ（車両）」を売るために「コト（楽しむ価値）」を売るマーケティングである。その価値の原点は，10 の楽しみとして明確に定義され，取引交換後を見据え不変の価値提示として位置づけている（図表 5-2）。

　第 2 は，ロイヤリティ・マーケティングとして，H・O・G（ハーレー・オーナーズ・グループ／通称"ホグ"）という会員組織を運営している。世界 100 カ国以上 100 万人のハーレーオーナー組織で，日本では，約 3 万 5 千人のオーナーが加盟している。ハーレーを新車購入すると自動入会となり，オーナー同士の絆を高めるために様々なサービスを展開している。主には「JOURNEY　走

図表 5-2　ハーレーの 10 の楽しみ

「知る」楽しみ（商品・歴史など）
「乗る」楽しみ
「創る」楽しみ（カスタマイゼーション）
「選ぶ」楽しみ
「競う」楽しみ（レースやカスタムでの競い合い）
「出会う」楽しみ（ハーレーを通して人と出会う）
「装う」楽しみ（ハーレーライフスタイリングファッション）
「愛でる」楽しみ
「海外交流」の楽しみ（世界的なオーナーズグループ）
「満足」（トータルにハーレーライフを満喫）

出所：奥井 [2008] 41 頁。

るほどに楽しい」,「ENJOY　仲間が広がる」,「TRUST　頼れる安心」,「USEFUL　便利なコンテンツ」から成る4つのキーワードに区分けされたサービス展開が提供されている。

「JOURNEY　走るほどに楽しい」では，走行距離を称えるマイレージプログラム，ディーラーめぐりを楽しむスタンプコレクションなど走行に応じたインセンティブを用意している。「ENJOY　仲間が広がる」の名の下では，ユーザーが集うイベントを開催している。「TRUST　頼れる安心」では，トラブル時に正規ディーラーへ無償搬送するという万が一に備えるロードサービスや盗難プロテクトサービスを提供している。「USEFUL　便利なコンテンツ」では，H・O・G会報誌を年4回発行し，最新情報が分かるメンバー限定ウェブサイトや宿泊を手配するトラベルセンターを用意，オーナーが気になるコンテンツを提供している。

第3が，HDJが主体とするイベントマーケティングである。「Blue Sky Heaven」は主に既存客であるユーザーのみが参加できる最大オフィシャルイベントで，参加者数万人規模で毎年開催される。HDJが集う場所を提供し，ハーレーへのロイヤルティを高め，ユーザー同士の絆が深まることを狙いとしている。

第4が既存客向けCRMである。見込み客CRMは，ユーザーとなっても引き継がれ，管理される。使われ方としては，車検案内がある。これはHDJとディーラーが共同で行う。正規ディーラーで登録したユーザーの個人情報はHDJと共有され，最初の車検案内はHDJから直接ユーザーへ発送される。最初の車検である36カ月はメーカー保証期間でもあるため，車検案内はHDJよりユーザーへ送られ，車検受付は購入したディーラーへと案内される。

3.　ディーラーとユーザーの関係②

ユーザーは，HDJが認定した127社の正規ディーラーを通じてのみハーレーを新車購入できる。取引交換後には，4つのマーケティングが展開される。

第1が「チャプター」と呼ばれるディーラー主体の支部組織である。各ディ

ーラーが地域に根ざし，そこに集うオーナーをさらに組織化したもので，通常「チャプター」の前にディーラーが所属する地域名が付される。例えば，陸友モータースは，東京都大田区に店舗があるため，「南東京チャプター」として，ディーラーのオーナーの中でさらに強い絆を求めるオーナー層を組織して，個別イベントなどを展開している。

　第2がチャプターにこだわらないディーラー主体のイベントである。これは，HDJが行う大規模なオフィシャルイベントとは異なり，地域に密着したような小規模なイベントである。イベントは参加規制がクローズドであるもの，オープンであるものに分かれる。「チャプター」は，チャプター会員のみが参加できるため新車購入者には敷居が高いが，非チャプター会員が気軽に参加できるイベントも用意されている。また店舗外で行うツーリング以外にも，店舗を利用した展示イベントなども用意されている。このことはユーザーのハーレーに対する様々な価値観，例えば走行会への参加意向，「チャプター」組織に対する抵抗感の有無などに応じて，ユーザーが能動的にイベント参加できるよう幅広く門戸を開いている。

　第3は，点検・修理である。1カ月点検，1年点検はHDJが関与せずディーラー主導であるため，CRMシステムから該当者が自動摘出され，店舗来店を促進するコミュニケーションを行っている。

　第4は，グッズやカスタムパーツの販売である。ハーレーは豊富なカスタムパーツが取り揃えられているため，オーナーが自分色のマシンを求めてカスタムパーツの取り付けを依頼することが多い。陸友モータースでは，納車時までにカスタムパーツを取り付ければパーツ代を割引きし，ユーザーがカスタムしやすい販促策を講じている。

4．メーカーとディーラーの関係③

　HDJとディーラーは緊密な連携によりユーザーに対してマーケティングの準備を行っている。その最たるものがCRMシステムの共有である。HDJ前社長の奥井氏が統一システムの不在に着目し，90年代にHDJと正規ディーラ

ーの共通CRMシステムを確立した。このことでディーラーは各地で行うイベントで見込み客データを収集し，ユーザー住所の最寄りディーラーへ共有することが可能になった。またディーラーからは，システム上でユーザーのアンケート，成約数，試乗数，店舗売上が把握できるため店舗個別のマーケティングを行うことに役立っている。例えば，東京都と神奈川県で試乗数が異なる原因を見極める，自店舗の成約数と所属都道府県平均の差異を見比べ成約率の歩留まりを改善する等に役立っている。

　ディーラー側における車両のセールスや接客にかける体力がディーラー側業務量の約3割だとすると，CRMシステムにデータを入力，分析，マーケティングを行うのに7割という膨大な労力を費やしている。

5. ユーザー群とユーザーの関係④

　ハーレーユーザー同士の絆は，取引交換後にオーナーとなったことでさらに深まる。その接点は，イベント等が契機となることが多いが，出会うことなくインターネットを介して未知ユーザーと知り合う契機も自発的に増えている。実名登録が特徴のSNSであるFacebookでは，ハーレーをキーワードとしたグループサイトがある。その中の1つであり，グループ名「ハーレー乗りの人！！！ハーレー自慢してくださいよ！！」は，グループリーダーに対し現役ハーレーオーナーであることをメールで伝えることにより，グループ参加が承認され，閲覧と投稿が可能になる。2016年1月末現在2,574名の登録者を抱え1日平均15～30名程度の承認申請があり，ほぼ毎日投稿が発生している。投稿内容は，愛車自慢，走る喜びの共有，バイクをめぐる相談などである。実名登録であり，承認制度を設けていることから投稿内容が荒れることなく，穏やかにハーレーオーナーである価値観を共有できる雰囲気で運営されている。ほとんどの投稿は写真付きであるため，全国に散在している未知ユーザーの動向が気軽に共有できる。HDJやディーラーがユーザーに働きかけるマーケティングは価値提供であっても，その最終目的に営利が絡むことは否めない。しかし，ハーレーのSNSは運営者も投稿者も非営利なため，ユーザー同士の「本

音」がやり取りされている。

6. カスタムショップとユーザーの関係⑤

　ハーレーは豊富なカスタムグッズが用意され，その多くはディーラーを通じて求めることができる。ところが，ディーラーを通じて買い求められないカスタムパーツも存在する。それは，特殊性が強いものか保安基準を満たしていないパーツであり，代表的なパーツは，マフラーである。ハーレーの特徴の1つに，マフラーから聞こえる爆音（排気音）がある。北米のハーレー標準マフラー音は99dB程度であるが，日本の保安基準は94dB以下なので，日本納入時には保安基準内の静音マフラーに替えて販売される。このため，ハーレーらしさを求め，自己責任でマフラーを交換し北米ハーレーの音を求めるユーザーが多い。

　神奈川県横浜市に店舗を構えるパインバレー社は，これらのカスタムパーツの販売と取り付けを行っている。同社とユーザーの接点は，「店舗（オフライン）」と「店舗外（オンライン）」である。実際の点検やカスタムは店舗で行うが，特徴的なのが「店舗外（オンライン）」でのユーザー接点である。例えば，ユーザーがマフラーを交換する判断基準は「音」や「替えることの喜び」であるが，それらはWEB動画を通じてユーザーへ配信されている。「ノーマルマフラー」と「カスタムマフラー」の音を比較する動画，カスタム工事直後のユーザーの喜びの声を配信することで，製品の特徴を体感したうえで来店できるように工夫している。

　また，パインバレー社のユニークな社員評価システムとして，WEBサイトや担当者のブログの閲覧数に応じて，給与報酬を連動させている。このため，WEBサイト閲覧数を増加させることが社員と会社の共通ミッションとなっている。2015年5月の同社ホームページの訪問者数は10万人で，前年同月の6万人と比較して166％と急増しており，店舗来店者数も比例している。

第3節 考　察

　ここまでハーレーの事例を取り上げ，4Psでは見えない取引交換後の消費者主導のマーケティングについて，図表5-3に4主体者についての実態を掲げた。

　4主体者である「メーカーとユーザー」，「ディーラーとユーザー」，「ユーザー群とユーザー」，「カスタムショップとユーザー」の実態を4Cフレーム，すなわちContact（接点），Communication（伝達），Co-Creation（共創），value in Context（文脈価値）に落とし込み，整理したのが図表5-3である。結果として，4者のCommunication（伝達），Co-Creation（共創）のアプローチは異なっていても，value in Context（文脈価値）は，「ハーレーの10の楽しみ」にある「コト（楽しむ価値）」に収斂されている。この整理をもとに主体間毎に本研究の4課題について考察を行うが，4課題における論点をもう一度整理しておく。

図表5-3　4主体者ごとの4C

4C	①メーカー	②ディーラー	④ユーザー	⑤カスタムショップ
Contact 接点	（直接的接点） 無し	有り	有り	有り
Communication 伝達・通信	マス広告 イベント SNSなど	イベント 店舗来店 SNSなど	走行会 SNSなど	店舗来店 SNSなど
Co-Creation 共創	大規模イベント	中規模イベント 小規模走行会 試乗会 カスタム工事	走行会 愛車自慢	カスタム工事
value-in-Context 文脈価値	ハーレーオーナーである喜び	ハーレーオーナーである喜び	ハーレー仲間とともに共有する喜び	自分だけのカスタム車が出来る喜び

出所：筆者作成。

第 1 の「消費プロセスにおける顧客の消費行動の解明」は，顧客は「使う・利用する」を軸としてどのようにしてモノを「買う」及び「作る」に関与するのか，である。第 2 の「顧客の消費プロセスで行うマーケティングの解明」は，企業がどのように価値共創行動をとっているのか，またその報酬は何かである。第 3 の「企業と顧客の共創プロセスの解明」は，共創プロセスの一般化は図れているか，である。第 4 の「共創される文脈価値の解明」は，文脈と価値の関係や交換価値との差異は何か，である。

(1) メーカーとユーザー間の価値共創

　メーカーとユーザーはイベントを除いては直接的な関係を持たず，間接的に関係し合う。「消費プロセスにおける顧客の消費行動の解明」では，メーカーが主催する大型イベントを通じ，ユーザーがイベントを「作る」ことに関与している。イベントを通じて，オーナーであることを自覚する契機としている。イベント参加が即座にユーザーの消費行動を促進させるのではなく，オーナーとしての自覚を醸成することで，永きに渡り整備・修理・カスタム工事というアフターマーケットに向けて消費することが考えられる。「顧客の消費プロセスで行うマーケティングの解明」では，メーカーがイベントやH・O・Gと呼ばれるロイヤリティ・プログラムを提供することで直接接点を持たないユーザーとの共創拡大に努めている。「企業と顧客の共創プロセスの解明」については，図表 5-2 にある「ハーレー 10 の楽しみ」を明文化することで共創プロセスの一般化を行っている。この試みは競合メーカーにはない HDJ の特色である。「共創される文脈価値の解明」は，所有することでハーレーオーナーである喜びを認識し合う文脈価値が観察された。イベント以外にはユーザー起点の価値共創は希薄であるが，メーカーからユーザーに対し「ハーレーの 10 の楽しみ」が提示され価値共創プロセスが一般化されていることが特徴的である。

(2) ディーラーとユーザー間の価値共創

　ディーラーは，ユーザーにとって最も高価な車両を購入する先であるため，両者は最も直接的な接点を有している。「消費プロセスにおける顧客の消費行

動の解明」についてユーザーは「(愛車で) 走る」ことで修理・点検という消費プロセス，また「(他人に) 見せる」ことでカスタム工事という消費プロセスに参加している。「顧客の消費プロセスで行うマーケティングの解明」では，ディーラーはユーザーに対し「走る」機会を提供している。地域ごとの絆を深めるチャプター (支部) 組織，チャプター以外のツーリングイベント等である。その結果として，ディーラーはカスタム工事や修理点検などのアフターマーケットを報酬源としている。「企業と顧客の共創プロセスの解明」においては，メーカーと同様に「ハーレーの10の楽しみ」がディーラーとユーザー間にて一般化されている。「共創される文脈価値の解明」における文脈価値は，「走る」である。「走る」ことを起点としてディーラーのイベントが企画され，ユーザーの消費プロセスが促進される。その延長線上にアフターマーケットが形成されており，両者の価値共創の軸が観察された。

(3) ユーザー群とユーザー間の価値共創

本関係は，ユーザー群とユーザーが直接出会うことを必要としなくてもSNSを接点として価値共創を行っていた。「消費プロセスにおける顧客の消費行動の解明」においてユーザーは，ハーレーユーザー限定のSNSを閲覧もしくは投稿することによりハーレーの価値を共有することに関与している。「共創される文脈価値の解明」においては，「ハーレーの10の楽しみ」の中の「愛でる」楽しみという文脈価値が観察された。SNS台頭以前，自車や他車を「愛でる」楽しみは直接ユーザーが顔を会わすイベントの機会しか存在しなかった。しかしながら，SNSを通じて「愛でる」という行為がより手軽になり，価値共創が促進されるようになったのである。「企業と顧客の共創プロセスの解明」および「顧客の消費プロセスで行うマーケティングの解明」は，企業が介在しないことから考察対象外とした。

(4) カスタムショップとユーザー間の価値共創

本関係は，カスタムショップとユーザーがマフラーという商品を媒介して接点を持っている。それらの重要な接点となるのが，インターネット上にあるカ

スタムショップの動画サイトである。「消費プロセスにおける顧客の消費行動の解明」において，マフラーが自車に合うか，好みのサウンドに近いかを確認するためにユーザーは動画サイトを通じ「モノ」のライブ感を確認し，他人の声から価値を享受することで購入に至っている。また購入後のユーザーは，自らの喜びの声を発信共有することで価値を「作る」ことに参画している。このことで，「顧客の消費プロセスで行うマーケティングの解明」においてカスタムショップが行っていることは，動画サイトの制作と発信である。カスタムショップは，工場を併設しているため店舗への来店促進が売上と直結しているが，アウトバウンド型の営業は行っていない。その代わりとして，カスタムショップがユーザーの喜びの声を集めた動画サイトを発信することで，ユーザーにマフラーのサウンドを疑似体験してもらい，ユーザーからアプローチしてもらうインバウンド型マーケティングを行っている。動画サイトをプラットフォーム化し，ユーザーとの価値共創を実現している。「企業と顧客の共創プロセスの解明」については，「ハーレーの10の楽しみ」の中における「創る楽しみ」が該当する。正規品のマフラーを交換してまで自分だけのオートバイを創ることに向けて，カスタムショップとユーザーは，価値を共創している。「共創される文脈価値の解明」では，自分だけのカスタム車が出来る喜びが観察された。

第4節　おわりに

1．結論とインプリケーション

4つの研究課題では以下が考察された。「消費プロセスにおける顧客の消費行動の解明」では，ユーザーの「走る」という目的のためにユーザーが自発的に消費行動を取る実態が浮き彫りになった。「顧客の消費プロセスで行うマーケティングの解明」では，売り手である企業と買い手であるユーザーにとって

必然とされるアフターマーケット（車両購入後の市場）の存在が確認された。このアフターマーケットの存在のために「走る」という機会提供が行われていた。「企業と顧客の共創プロセスの解明」では，文脈を明文化することの影響が認められた。ユーザーにとっては直接的な接点を持たないメーカーによる「ハーレーの10の楽しみ」は，ユーザーと直接接点がある主体者に取り変わっても，明文化された文脈のいくつかが一般化されていた。「共創される文脈価値の解明」からは，企業とユーザーが共に楽しめる「走る」という軸が形成されることでユーザーが自発的に価値共創する実態が観察された。

4Psに対比し，取引交換後の消費者主導のマーケティングはどのように行われているのだろうか，という主題に対して考察結果のキーワードを組み合わせると「売り手と買い手に必然あるアフターマーケットにおいて，ユーザーが自発的に働きかけるよう明文化し，新しい媒介技術（インターネット）も用いることで価値共創が促進される」という点が垣間見えた。そのマーケティングは，ユーザーを取り巻く主体者から働きかけるアウトバウンド型ではなく，ユーザー主導を促進させ顧客の消費プロセスに創造的かつ柔軟に寄り添うようなインバウンド型マーケティングであった。結果として，取引交換前のユーザーをめぐる関係者のマーケティングが「買って，所有してもらう」ことから「走って価値を知ってもらう」ことに推移したことが考察された。

本研究による調査貢献は，取引交換前には見えにくかった複数関係者による取引交換後のマーケティング活動にスポットライトを当てたことである。そこには4Psに代表される企業主導のマーケティングから，顧客が自発的に主導する価値共創マーケティングが存在していた。取り扱った事例は大型自動二輪免許が必要で車両単価の高いハーレーという特殊事例ではあったが，取引交換後のマーケティング，一般化について1つの参考事例を提供できたと考えられる。

2. 課題と展望

本研究の課題は，調査サンプルが1つのディーラー，1つのカスタムショッ

プ，1つのユーザーSNSであるため取引交換後のマーケティングを一部限定的に抽出したにすぎないことである。また企業と顧客の関係はOne to Manyであり，Manyにあたる顧客の価値共創マーケティングは千差万別である。そのため，本研究では千差万別の中の1つの考察の枠を出ない。しかしながら，4課題について4Cで分析することで従来見えにくかった取引交換後の価値共創マーケティングを少しでも明らかにすることが出来た。今後の展望としては，4主体の枠組みは踏襲し，その調査サンプルを増加させ類型化することで，本研究では明らかにならなかった点や傾向が見えてくることを期待したい。

(注)
1) Bordenがアメリカ・マーケティング協会（AMA）の会長講演で，はじめてマーケティング・ミックスなる概念を提唱した。

(横田伊佐男)

第6章

ネッツトヨタ南国における顧客との価値共創

第1節　はじめに

1.　背景と問題意識

　本章では耐久消費財の自動車を取り扱うネッツトヨタ南国株式会社を取り上げる。自動車は新規購入を皮切りとして事故や故障，あるいは車検制度の点検サイクルである3年，5年，7年といったタイミングで買い換えられる実物資産である。しかしその販売局面では，多くの場合価格競争に陥りがちとなる。たとえ同じ車種であっても系列店同士での競合を是とし，雑誌等で吹聴される値引き目標額にどれほど近づいたか，あるいは総支払額をどれだけ抑えたかといった取引額に焦点が当てられがちとなる。販売会社側も従業員に厳しいノルマを課し，顧客あるいはセールスマンの目標達成状況に応じて値引き条件を調整しながら総販売台数を増やすことに注力してきた。そこでは，顧客も企業も購入する場面での交換価値にのみ関心を高めてきたといえる。

　しかし本章で取り上げるネッツトヨタ南国では，3店舗を展開する小規模企業ながら値引きのみを欲する顧客には競合店を紹介するなど，価格競争のみで

の顧客獲得をしない。従業員に販売ノルマを課すことはなく，10年以上の営業担当者は顧客の6割近くをリピーターが占めるなど継続的な販売が実践される。販売店の展示スペースには展示車を1台も置かず，その代わりに談話スペースを広く取り，好きなだけ従業員と話ができるゆったりとくつろげる空間を提供する。試乗車は販売するすべての車種を用意し，顧客が望めば2日間にわたって貸し出すなど，顧客が知りたいと望むことは納得するまで各自で確認できる仕組みを用意する。さらに販売店では顧客の利便に合わせた来店・修理に対応するため，定休日を設けることなく，営業時間も8時から20時までと長く設定する。そして顧客との対応は，単に自動車だけを話題にするのではなく，趣味や子供の話といった自動車とは全く関係の無い話からエコドライブや整備の話まで幅広く対話を図りながら顧客のカーライフを支援する。その取組みは営業担当者だけでなく，メカニックや支援部門などのバックオフィスを含めた全従業員で従事する。このように，一般的な自動車販売店における常識に背を向け，単に自動車を販売するだけではない顧客目線に立ったきめ細かなサービスを提供しながらも，同社は適切な利潤を獲得しながら順調に成長しているのである。

　しかし同社の取組みはマーケティングの観点から説明されず，むしろ卓越した人材育成施策として注目されてきた。同社はやりがいを従業員同士で「共育」する仕組みを創業時から取り入れ，それは「人や地域を大切にした経営を行う先進企業事例」として四国経済産業局 [2013] に取り上げられている。これにより従業員満足度はもとより，顧客満足度でも一目置かれる評価が得られている。例えば同社は1999年から調査されているトヨタ系販社300社の顧客満足度において全国1位を13回獲得しており，市場占拠率や利益率をはじめとする様々な経営指標を表彰基準とするトヨタ自動車の販売店表彰を9年連続で受賞する実績によって裏打ちされる。しかしこれら取組みは，いわゆる伝統的な4Psマーケティングの枠組みでは説明できない。また，同社も自社の取組みは人材育成に特徴を置くものであり，組織的なマーケティング戦略に基づくものではないと否定する。

　このように顧客目線に立ったサービス活動とその研究は，現実の販売現場を

支える理論として浸透していない。

2. 研究の方法

そこで本章では村松 [2015] が提示する価値共創に関する 4 つの研究課題，特に③企業と顧客の価値共創プロセスの解明と④共創される文脈価値についてインタビュー調査を基に検討を行う。

なお，ネッツトヨタ南国の取組みについては，同社ホームページならびに各種メディアから記事が発信されている。ただし記事の中には，同社の取組みを表面的に取り上げ，それが躍進する要因であると短絡的に結び付けたものや事実を大げさに記述ないし歪曲したものが混在しており，現実とは異なる誤解が生じているとの指摘を調査依頼時に受けた。そこで，これらの 2 次情報を収集・整理したうえで論点を絞り，その論点に関する同社の取組みについて確認をしながら，その内容を聞き出す半構造化インタビュー調査を 2015 年 9 月 8 日に行った。インタビュー対象者は，10 年以上の営業経験を持ち，現在は採用を担当する長山大助氏である。長山氏には，販売現場での経験，および企業としての顧客に対する取組みを中心に据えたヒアリングを行い，その内容と分析結果を記述する。

第 2 節　事例研究

1. ネッツトヨタ南国の概要

ネッツトヨタ南国は高知県高知市に本社を置く，トヨタ車新車および中古車の販売・整備を行うトヨタ系列の販売会社である。2013 年度の売上高は約 50.1 億円，県内に 3 店舗を擁する従業員約 130 名の小規模販社である。同社は 1937 年より四国でトヨタ車販売を手がける西山グループの一員であり，高知

トヨタ，高知トヨペット，トヨタカローラ高知，トヨタオート高知に次ぐ第5の販社となるトヨタビスタ高知として1980年に設立された。当時，トヨタ自動車は沖縄を除いた46都道府県に新たな販売チャネルであるビスタ店を発足させており，同社が所属する西山グループの三代目経営者である横田英毅氏が創業と同時に副社長に就任し，実質的な経営者として陣頭指揮を執ってきた。設立間もない同社は顧客にとって認知度の低い販売チャネルであり，既存のトヨタ車販売チャネルとのカニバリゼーションを避けるうえでも，企業向け量販を含めた従来型の販売手法ではなくBtoC（消費者向け）に特化した市場開拓が求められた。そこで販社に求められる価値を，従来からある商品力，価格だけではなく卓越した顧客との関係性を加えて規定した。この顧客との関係性，すなわち顧客満足度を高めることによって他社を凌駕する戦略を採ったのである。「顧客に感動を届ける」を目標とするのだが，その過程において従業員自身が自律的に行動することに注力し，顧客に認められる肯定感や効力感をバネに取り組むことが肝要であることから従業員満足度を高めることを目的として取り組んでいる。「（他者から）やらされる仕事」から「（自ら）やりたい仕事」へと職務の捉え方を変え，「お客様満足向上→従業員満足向上→新たなやりがい・チャレンジ→お客様満足向上」[1]というスパイラルで質的向上を図る仕組みに磨きをかけてきたのである。

　その一端は創業間もない頃から行われている様々なイベントにも現れている。「ビスタ夏祭り」と表した販売店でのミニ縁日やあらかじめ準備したルートを一日かけてドライブしながら野外レクリエーションを楽しむ「ビスタ・ファミリカー・オリエンテーリング」など，現在でも引き継がれているイベントはすべて社員自ら企画・運営するものである。参加する顧客に喜んでもらうのはもちろん，何をすれば喜ぶのだろうかといったことを社員が自薦で参画しながら議論を重ね，自ら実践することによってお客様から喜ばれ，失敗の経験も積みながらチームワークを学んでいく。この経験を礎としてさらにお客様に喜んでいただくために新しいアイデアを自発的に探索し，機会をみて実践する。これが新たなやりがいに発展して自らの満足度（従業員満足度）を高め，ひいては顧客満足度の向上に結実する。本来は，不人気業種である自動車販売業で

新入社員でも企画に携われるという人材獲得の手段だったのだが，今ではプロジェクト運営の実践教育の場として活用され続けている。こうした従業員満足度を高める組織的活動でトヨタ系ディーラーの中でも様々な経営指標でトップレベルの実績を挙げたことや，従業員満足や顧客満足への取り組みが評価され，2002年に「日本経営品質賞（中小規模部門）」に自動車販売企業として初めて受賞する。

同社は2004年にトヨタ自動車による販売チャネル再編により「ネッツトヨタ南国」へ社名を変更し，現在に至っている。また人材・組織開発部門をビスタワークス研究所として分社化し，採用・新入社員教育，ITインフラ整備などを委託して協働を行う。

2. 経営理念と価値観を共有できる人材育成の取組み

ネッツトヨタ南国が掲げる信念は，「人間性尊重の理念に基づき，第一に従業員満足を追求する会社です。そして，その従業員の総意としての私たちのあるべき姿として，お客様満足を追求し続ける」[2]である。この信念の根底にあるのは，従業員自身が働く中で感じる「幸せ」を追求することにあり，それは目前の顧客に感動を伝えることによってもたらされると考えられている。

同社では経営理念を唱和させたりするのではなく，既存の従業員たちと共鳴しあう価値観や考え方を持つ人材を採用し，長い時間をかけて共に育てる。社内屈指の販売台数を誇る先輩社員が顧客と接する姿をショールームで間近に見たり，イベント企画・運営を通じてより顧客に喜ばれる施策を多数決ではなく全員の合意が得られるまで話し合い，費用の妥当性も含めた予算自体も自ら検討したり，出し物を練習したりすることによって，組織の壁を越えた人間関係を構築すると共に，参加する顧客から評価を受ける。これらを基に自ら気づき考える人材へと成長させるのである。

したがって同社では手順の基本となる職務マニュアルが作成されていない。マニュアルは「やってはいけないことを定義して，最低限の行動を決めるもの」（長山氏）とされ，従業員の手足を束縛するツールと位置づけられる。ネ

ットヨタ南国が目指すのは「人生の勝利者」の育成であり，自ら将来こうありたいという姿を描いたうえでそれを実現していく人である。規範とする先輩ならば自分が直面する困難な状況をどう切り抜けるか，という理想を考えて行動に移し，それが自らできるようになることが仕事の喜びに繋がると考えられている。

ただし自分で気づき行動するには，成功だけでなく失敗を重ねることになる。そのため，同社ではどんどん失敗は認める企業文化を併せ持つ。失敗をすることによって，なぜ顧客を怒らせてしまったのか，なぜ失敗に至ったのかという内省の機会となる。これが気づきとなり，次の成長の糧とするのである。

これらのことから，ネッツトヨタ南国として顧客のカーライフに何が支援できるのか，彩りを添えるには何が必要なのかを顧客に先んじて考えることが理想とする。つまり「顧客の琴線に触れる助言や提案」を行い，顧客はそれに共感して「しびれる瞬間」を味わうことで使用段階の満足度を高めていく。逆に従業員はこうした提案をすることによって顧客の謝意や励ましを受け，「しびれる瞬間」の獲得に顧客との共感と自身のやりがいを得ながら従業員満足度を高め続ける。このような枠組みの下，顧客と従業員はお互いにやりとりを交わしながら共通する価値を紡ぎ出し続けるのである。

3. 同社における価値共創マーケティング

本項ではネッツトヨタ南国における価値共創マーケティングの実態について，村松 [2015] が示した4つの研究課題に基づき検討を進める。

(1) 消費プロセスにおける顧客の消費行動

顧客の消費プロセス，すなわち自動車を用いる状況を鑑みると，通勤やレジャー，買い物や送迎など専ら移動手段として利用することが考えられる。ただし自動車を使用するという直接的なことだけではない。車は乗る人のステータス・シンボルとして認識されたり，車の好みや色，使われ方や外装・内装の維持管理の度合いによって生活態度や性格が判断されたりする。いわば他者から

評価を受ける象徴としての側面も併せ持つ。さらにはゴルフバッグや釣り道具をトランクに積載するなど倉庫代わりとしての使われ方もする。このように移動とは直接関係しない間接的な使われ方もする。

したがって自動車の消費プロセスは，顧客の生活の中にある移動を軸としながらもそれ以外に多彩な役割を負うのである。そして生活の中に自動車による移動が続く限り，購入から廃棄，買い換えによる購入というようなサイクルを繰り返す。このように消費プロセスは長いスパンで続く。

こうした消費プロセスにおいて，企業側からの接点となるのは販売店での談話フロアである。まず企業側は顧客との間で関係を構築することからすべてが始まる。そのため，同社では既存の顧客だけでなく，ふらっと立ち寄った顧客をも対象にもてなすほか，営業担当者やフロア担当の女性従業員が車の話だけでなく雑談やプライベートな話題にも気軽に応じる。こうして，来店に対する敷居を低く抑えた「場」を提供するのである。

一方，顧客の側からは，修理や商談だけでなく通りかかったついでに足を向けたり，雑談や相談事の話を聞いてもらったりするために販売店に立ち寄ったり，営業担当を自宅に呼んだりする。話題は必ずしも自動車に関することだけでなく趣味や雑多なやりとりなのだが，その中から新しいアイデアや使い方のヒントを導き出したり相談の答えや提案を受けたりする。必ずしも直接的には自動車の販売やサービスに結びつくことばかりではないが，そこには「助かった」「ありがとう」の謝意で蓄積されていく信頼感が醸成される。自動車を使用する長いスパンの中で，商品やサービスを一元的に購入したくなる人間関係が構築されるのである。

(2) 企業と顧客の共創プロセス

次に，顧客との間で価値が共創されるプロセスについて，購入時から購入後までの事例を数点取り上げて検討する。

まず自動車の購入時，ネッツトヨタ南国の営業担当者は雑談やプライベートな話を交わしながら相手の心を開いていき，顧客が描く自動車の使い方や顧客の生活スタイル，家計の状況など踏み込んだ内容を聞いていく。そのうえで，

営業担当者は顧客の目線に降りながら使い勝手のよい車種，必ずしも利幅は大きくないが顧客の生活利便性とコストが両立するような車種を提案する。他店では利幅の大きい車種を提案しがちだが，「顧客が車を購入する要因は営業担当者に自動車に関する専門知識やお辞儀などのビジネスマナーが備わっているかどうかだけが判断理由ではない。顧客は無愛想な対応や自分（顧客）に関心を持てない人からは買いたくない。そういう優しさや営業担当が発揮する魅力（人間性）も顧客に求められる価値であり，その比重は後者の方が大きいように感じる」（長山氏）。つまり，自動車というモノに対する価値と顧客と営業担当者との間の人間性や優しさという感情に対する価値が合わさることによって使い方に焦点を当てた価値が共創されているといえる。

　定期検査・整備の際には，顧客は談話スペースでお茶を飲みながら，窓越しに見えるジャッキアップされた車の進捗を確認しながら待つことになる。この結果を知らせる際，顧客が傷もなく綺麗な状態で乗っていれば「綺麗にお乗りいただいてますね」などとメカニックや営業担当が声をかけると，車を大切にしている顧客の共感を生むことに繋がる。そこでエコ運転のコツや傷をつけない予防策などの助言を基にやりとりを深めていくと，そこには修理の予防と対応という共通の価値が共有されるとともに，困った時はこの人に相談するという人間関係が構築される。その結果，いかに綺麗に使うかという価値が共創され，営業担当者が顧客にとってよいと思う提案は真摯に検討され関連する商品やサービスが納得のうえ受容される。

　時間の経過と共に深まる人間関係は，自動車以外の話題に広がることになる。例えば，顧客の趣味が釣りだとわかると，釣り好きの従業員と共に雑談をするようにし，やがては一緒に釣りに出かけるなど公私を超えたつきあいが展開されることもしばしばとなる。またある時，顧客から自動車を購入時に屋根付きガレージが新たに必要になるとの相談を受けた営業担当は，同社の顧客で数多く施工を手がける業者を紹介するなど，自動車の使い勝手を良くするwin-winの関係を仲介する。営業担当者は紹介という責任を誠実に引き受けながら，顧客の問題を解決していくのである。こういう関係が深く構築される顧客ほど，買い換え商談時にさえ現在の状況や子供の成長，趣味などが話題の中

心となり，車種の話はそこそこで契約に至ることになる。そこでは営業担当は顧客が求める価値を熟知し，それに応じた提案を顧客が信頼して受容するという阿吽の呼吸による商談が展開される。これも顧客の目線に合わせることが後の商品やサービスの販売に繋がることになる。

　さらに自動車を利用するうえで最も困難に瀕するのは事故時である。同社の営業担当は，顧客から事故の一報が入った際，どんな状況でも真っ先に駆けつける。それがたとえ職場での送別会で飲酒中であっても，運転代行業者と共に代車を持参し，現場が四国から遠く離れた広島県であっても代車をキャリアカーに積んでいち早く現場に向かうこととなる。そこでは事前に会社の承認・合議を得ることなく，いち早く顧客に安心を届けることが顧客に提供すべき価値として社内で認められているのである。そこにあるのは，「心細くなっている顧客を一人で待たす訳にはいかないというプロとしての責任感」である（長山氏）。営業担当者は顧客のカーライフを支えるパートナーであり，プロとしての矜持を持って責務を全うすることが求められる。一方，そこで発生する費用もきちんと徴収することで対等な立場が維持される。ここでの費用とは代車手配費用ではなく，車体修理や買い換えにかかるすべての業務を一括で請け負うことを指す。これも客の安全安心を担保するという共通の価値を追い求めた結果と位置づけられる。

　以上に共通するのは，自動車を単なる移動手段ではなく，生活に欠くことができない車による移動とそれに付随する様々なよろずごとをより豊かに，より安全に導くという価値が顧客と従業員とのやりとりを通じて共創されている点にある。顧客から「ネッツトヨタ南国に出会えてよかった」と認めてもらえる価値を従業員は必死になって日々考える。それを顧客に提案・提供することで顧客に感動を与え，信頼関係をより密接にする。同時に従業員は「ありがとう」という顧客の言葉を励みに，さらに価値を考える。ここでは誰のためでもないみんなの利益，すなわち利他的な行動の下で顧客と従業員が相互作用を行いながら価値を紡ぎ出しているといえる。その根底にあるのは従業員の「誠実さ」「真摯さ」「一生懸命さ」であり，それが顧客の「誠実さ」「真摯さ」を引き出す源泉となるのである。従業員は顧客に話をしながら寄り添うのだが，そ

れは顧客の要求を鵜呑みに受けるのではない。「そう，それが聞きたかった」という顧客にとっては想定外だが実効的な提案，すなわち，顧客の琴線に触れる助言や提案が顧客基点で共創される価値といえる。

　以上のことから，企業は顧客との間で強固で緊密な人間関係をつくりあげ，信頼醸成の相互作用の下で信用を積み重ねていることがわかる。この信用を背景として，顧客の都合に合わせた自動車に関わる商品・サービス，車での生活に付帯する様々な問題の解決手段を顧客は消費するのである。

(3) 顧客の消費プロセスで行うマーケティング

　次に顧客の消費プロセスに関与するための活動について検討する。ネッツトヨタ南国では集客のために採用する手段は各種メディアへの広告やダイレクトメールなどであり，同業他社との間に大きな違いは無い。同社の特徴として取り上げられるカーオリエンテーリングなどのイベントは随時行われるのだが，これに参集する顧客は多くても150人程度にすぎない。これは全顧客数の1%にも満たないことから，「イベントは顧客満足度に直接影響を及ぼすものではなく，あくまで社員教育の一環である」と位置づけられている（長山氏）。

　ただし，顧客の消費プロセスに入り込む際のコミュニケーションには同社独自の特色がある。それは全従業員が組織として顧客と向き合う姿勢である。顧客には専任の営業担当者が割り当てられるが，決して営業担当者は属人的に顧客を囲い込まない。また，営業担当者はいきなり車の商談を切り出さない。顧客はくつろいだ雰囲気を味わい，顧客が話したいことを聞き，顧客が関心を持ちそうなテーマを探しだしながら対話の接点を探っていく。テーマは自動車のことばかりではない。他愛もない雑談や子供の話題，趣味など多岐にわたり，時間経過と共に人間関係が深くなればプライベートな相談事も含むようになる。そうした顧客との間で交わした会話の要点はプライベートな部分を除いてメモ書きされ，それが担当以外の従業員も閲覧可能な形で保存される。これにより仮に専任の営業担当者が応対できなくとも，代わりの担当者が補佐することになる。そこでは，補佐する担当者の切り口で気づきを見つけて，また違った角度から話が交わされることになる。

これは顧客の観点から見ると，専任の営業担当が最も密接な関係だが，それ以外の従業員からも関心が持ってもらえるという温かく厚い関係性が構築されることとなる。こうして担当外だから関係ないと顧客を割り切ることなく，すべての顧客を会社のお客様として捉えて向かい合うのである。これが同社で実現可能なのは，イベント等で職種の壁を越えて全員で顧客をサポートすることが日常業務の中に組み込まれているためであり，それは「顧客との親密な関係構築が社員の喜びになる」（長山氏）という方針が貫かれていることが背景にあるためである。

(4)　顧客との間で共創される文脈価値

　では，ここで紡ぎ出される文脈価値とはどのようなものであろうか。ネッツトヨタ南国が認識する価値とは，「豊かなカーライフを提供するために従業員は自分たちが持つ知識や情報を顧客に提供し，顧客は豊かなカーライフを送るために従業員にお任せするという相互信頼の関係のもと，顧客に寄り添いながらも顧客に先んじてニーズとウォンツを満たすもの」である（長山氏）。ここで生まれる「しびれる瞬間」は，顧客と従業員との感動に共鳴するだけでなく，従業員が利他的に手を差し伸べる実際の行動が伴うことによって両者の間に価値として形作られていくものである。それは顧客が店舗を訪れた時から始まる長い時間軸の中で重層的に積み重なり，密接な人間関係に裏打ちされた顧客毎のストーリーに昇華する。このようにして文脈価値が形成されていくのである。

　しかしここでは，従業員は顧客から委ねられるというビジネスの旨み，すなわち店舗にとって利己の部分が存在し，それがビジネスのイネーブラー（推進役）として機能することに留意しなくてはならない。企業は適切な対応と対価を提示し，顧客はそれを快く受け入れて，応分の負担に応じる。これが成立することによって，両者による新たな価値共創が展開されているのである。

　また，この文脈価値の構成要素は必ずしも自動車という機能だけではなく，これまでに培った人間関係と顧客への関心といった感情から派生した部分も含むことになる。そこでは従業員自身が顧客の目線に立ち戻りながら，うわべで

はなく本心から望ましいと思えることの提案に手間を惜しまず，その実現に奔走する。これが顧客と価値を共創することに結実すると考えられる。

第3節 考　察

前節の調査結果を基に文脈価値を図示すると，図表6-1，図表6-2の通りと考えられる。

まず図表6-1は自動車の価値を示すものだが，言語学においてことばの意味には2つの側面があることを援用し，その意味を価値に換言したものである。

坂原（2007）によると，言語表現には表現されることばに対して文法知識で導出されることばそのものの意味（言語的意味）と一般的知識や推論によってことば以外の情報を組み合わせて導出される意味（使用意味）がある。言語理解はこの二重の意味解釈の過程を含むのだが，人は効率性を高めるために使用意味に意識が集中しがちとなると指摘する。

自動車の物理的機能を解すると移動手段という最も基本的な価値が見出せ

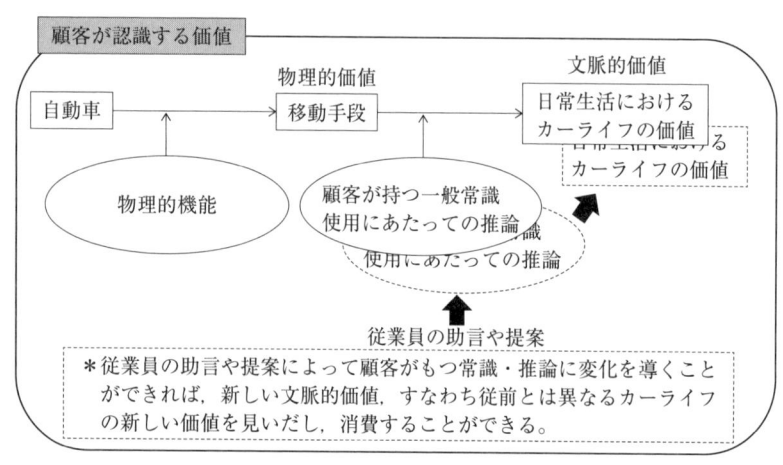

図表6-1　顧客がもつ自動車に対する価値認識

顧客が認識する価値

自動車 → 物理的価値：移動手段 → 文脈的価値：日常生活におけるカーライフの価値

物理的機能

顧客が持つ一般常識　使用にあたっての推論

従業員の助言や提案

＊従業員の助言や提案によって顧客がもつ常識・推論に変化を導くことができれば，新しい文脈的価値，すなわち従前とは異なるカーライフの新しい価値を見いだし，消費することができる。

出所：坂原[2007]を参考に筆者作成。

る。しかし，顧客の日常生活の中では，生活の中におけるカーライフの構成要素の1つにすぎず，その価値は顧客の持つ常識やこれまでの経験・知識によって意味づけられる使い方に帰する。ネッツトヨタ南国の従業員は，この顧客の持つ常識や知識を助言や共感によって変化を働きかけ，これまで顧客が得られなかったカーライフに彩りを添えるよう支援しているのである。これによって顧客はこれまで知り得なかった使い勝手を獲得して使いやすさを享受する一方，同社は付随する商品やサービス販売に繋がっていくことを可能とするのである。従業員は顧客が求める価値とそれを阻む常識や推論に先んじて気づき，対話を通じて顧客の解釈を変えることで新しい価値，すなわち問題解決へと導くのである。この従業員による提案が顧客の安心感や充足感を満たす一方，従業員は顧客の励ましや謝意を受けてやりがいを満たし，働くことへの満足度を高めると共にさらなる気づきを探していく。この好循環が販売するパフォーマンスを高めているのである。逆にこのプロセスに顧客が期待できなければ自動車の物理的価値にしか関心が当てられず，そこでは取引条件などの交換価値のみに終始することとなる。

　ただし，この顧客のカーライフへの働きかけには前提条件がある。その条件とは，顧客と従業員との間に信頼関係が重層的に構築されていることである（図表6-2）。顧客との信頼関係は，従業員が顧客の目線で価値や気づきを提案して実現することによって創出される。それが時間と共に重層的に積み重なることによって，顧客とのある特定の共感に紐づけられた価値の流れが創出され，両者に共有されていくことになる。そこでは決して従業員自身の都合や会社本位での枠組みで提案するのではなく，あくまで顧客の関心に沿った提案のみが共感を生むことになる。この結果，10年以上の営業担当者が販売する6割がリピーターであることに結実すると考えられる。

　では，顧客の共感や琴線に触れる助言や提案とはどのようなものであろうか。顧客といえども，年齢層や関心事は千差万別であり，その範囲は幅広いと予見されがちである。しかし，「同じ日本で生まれ育ち，同じ教育を受け，似たようなテレビや情報を処理する中で同じように理解する枠組みの中で暮らす人達の間で，価値観に大きな差違が生じるようなことは見られない。故に，人

図表 6-2　人間関係の緊密性を背景とした文脈価値の形成

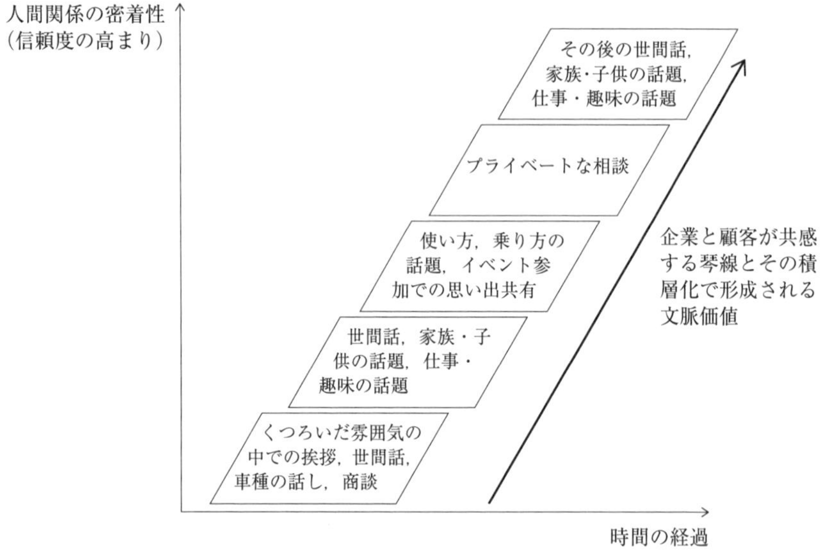

人間関係の密着性↑
（信頼度の高まり）

- その後の世間話，家族・子供の話題，仕事・趣味の話題
- プライベートな相談
- 使い方，乗り方の話題，イベント参加での思い出共有
- 世間話，家族・子供の話題，仕事・趣味の話題
- くつろいだ雰囲気の中での挨拶，世間話，車種の話し，商談

企業と顧客が共感する琴線とその積層化で形成される文脈価値

→ 時間の経過

出所：筆者作成。

が共感するような琴線の範囲はごくごく狭い。ただし，狭いながらもアプローチのかけ方にはバリエーションが存在する」（長山氏）。つまり，関心を寄せる領域は限定的なのだが，人と人とが接触するインターフェースは属人的でかつ相互作用的な側面を併せ持つ。そこでは顧客の期待する関心の掛けられ方が千差万別であるだけでなく，従業員も顧客に対する問題意識の持ち方や気づきのセンス，それを表現する能力などが千差万別となる。両者が円滑にやりとりを交わすには，様々な組み合わせを試しながらマッチングさせる以外に手立てがなく，この部分は従業員の暗黙知として捉えられがちとなる。したがって個人の力量に依存せざるを得ず，なかなか形式知として顕在化されていない課題が残されている。「弊社の現場では，顧客への取り組みはロジカルに捉えられていない」（長山氏）と述べるのは，このアプローチ手段が構造化されていないことに起因すると考えられる。

第4節　おわりに

　ネッツトヨタ南国の事例は，不特定多数の顧客に対して「誠実さ」「真摯さ」「一生懸命さ」という人間的魅力を前面に打ち出しながら人間関係を構築し，個別具体的な相互作用を直接的かつ継続的に生じさせている価値共創マーケティング戦略の一例に位置づけられる。この事例から，顧客との販売（交換）後の価値共創の構成要素には，多分に信頼関係に裏付けされた感情面での意味が含まれることが明らかとなった。これは我が国の商道徳の1つである「先義後利」の義が意味するもの，すなわち「天に恥じない行い」（吉田[2010]）は販売（交換）とは直接的には結び付くものではなく，しかしながら顧客の琴線に触れる従業員の活動とそれに共鳴して励ます顧客と従業員との関係性の下で培われていくものであることが明らかとなった。

(注)
 1)　同社 HP より引用。
 〈http://www.vistanet.co.jp/recruit2014/about/index.html〉（2015.09.18）
 2)　同社 HP より引用。
 〈http://www.vistanetz.com/recruit/06.html〉（2015.09.18）

（奥居　正樹）

第 7 章

小売業における価値共創マーケティング
―ヤオコーの事例―

第 1 節 はじめに

1. 背景，問題意識，目的

　本章の目的は，小売業における顧客の消費プロセスで行うマーケティング（以下，価値共創マーケティング），および共創される文脈価値のプロセス解明に焦点をあてている。研究対象となる小売業態は，食品スーパーである。小売業は，サービス業同様，4C プロセス（村松 [2015c] 167 頁，村松ほか [2015d] 192 頁）における Contact（顧客接点）の場である「店舗」を元来有しており，その場を通じ，地域の顧客ニーズを踏まえた商品を品揃えし，販売してきた経緯がある。いわゆる，G-D ロジックに基づく，価値所与マーケティングを実践してきたといえよう。しかし，「店舗」を単なる販売の場として利用するだけでは，価値共創型のビジネス形態とは言えない。サービス業と小売業は，顧客との価値共創を行う上で必須の Contact（顧客接点）の場である「店舗」を共に有し

てはいるが，お互いビジネス上の生い立ちが異なる。すなわち，サービス業はサービスを起点としたビジネスモデルであり，小売業は物販を起点としたビジネスモデルである。しかし，小売業の中でも，顧客視点を重視し，店舗の位置付けを単なるモノの販売の場ではなく，顧客とのコミュニケーションを通じた相互作用の場であると捉えているサービス品質重視型の企業もある。食品スーパー業界において，その代表的な企業が「株式会社ヤオコー（以下，ヤオコー）」である。彼らの経営理念は，「自社店舗の近隣にお住いのお客様に対し，豊かで，楽しい食生活を提案し続ける企業でありたい」と規定している。すなわち，ヤオコーは，S-Dロジックに基づく，価値共創マーケティングを日々実践しているのである。

次に，なぜヤオコーは通常のチェーン・オペレーション（以下，CO）に基づくセルフサービス型の食品スーパーから，個店経営をベースとした顧客との価値共創を中心に据えた食品スーパー（価値共創型企業システム）に変貌を遂げたのか。その背景を以下のケース事例を通じ，紹介していく。その際，鍵となる概念としては，顧客へのミールソリューション[1]を主業務としているクッキング・サポートコーナー（以下，CSC）の存在である。このCSCで働いている従業員（パートナー）は，店舗の近隣に在住のごく普通の主婦の方々である。彼女たちがCSCで店内における他部署の従業員と円滑に交流し（孤立せず），顧客との価値共創を実現するために，ヤオコー社内（内部統合），及び社外（外部統合）が組織としてどのようなサポート体制を敷いているか，そして経営理念，経営・組織文化を理解することが今後価値共創型小売業を目指す他の企業にとっての大いなるヒントとなりうる。

2. 先行研究と研究方法（フレームワーク）

小売業における価値共創マーケティング，および価値共創型企業システムを構築する際の先行研究レビュー，および研究枠組み（フレームワーク）について以下述べる。

伝統的な小売業は，製造業や卸売業から仕入れたモノを店舗を通じ顧客に販

売してきた。顧客接点である「店舗」の活用は，販売の場，およびID-POS等の販売情報端末を活用した顧客の属性・購買情報の収集，利用に留まっていた（村松ほか[2015d] 190頁）。しかし，ヤオコーのような価値共創型小売企業においては，「店舗」を単なる販売，顧客情報の収集，利用の場とは捉えず，近隣地域の顧客との相互コミュニケーションを通じ，価値共創（相互作用）を実現する場として捉え直し，購買後の顧客の消費プロセスにおける文脈価値創造へのサポートに力点を置いている。

価値共創マーケティングとは，従来の4Psのマーケティングやサービス・マーケティングとは異なり，「顧客の消費プロセスにおける企業と直接的な相互作用を前提としており，企業はその相互作用の一翼をマーケティング行為という形で担っている」と定義する。また，顧客との価値共創を起点として構築された企業システムを「価値共創型企業システム（図表7-1参照）」と定義する（村松ほか[2015d] 191頁）。

価値共創は企業のマーケティング部門だけが行うのではなく，全社一丸となって取り組むべき経営課題であり，統合的な視点で価値共創と企業システムの関係を捉えるべきである。上記のような考え方は，北欧学派のサービス・ロジック（Grönroos, C. [2006] p.324）の考え方にも相通じる。

図表7-1　小売業における価値共創型企業システム

地域社会との共生

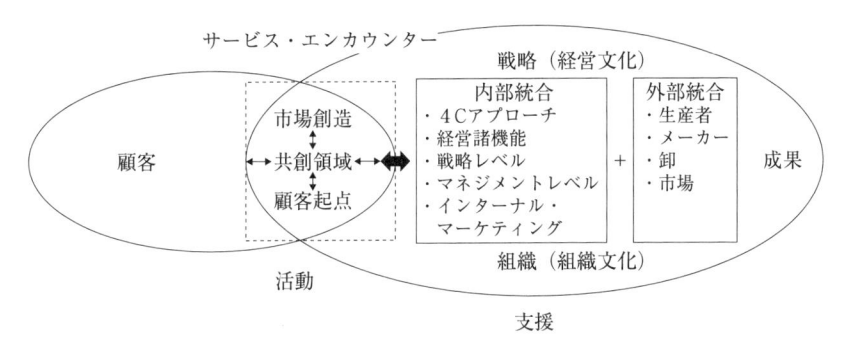

サービス・エンカウンター　戦略（経営文化）

顧客　市場創造　共創領域　顧客起点　内部統合・4Cアプローチ・経営諸機能・戦略レベル・マネジメントレベル・インターナル・マーケティング　外部統合・生産者・メーカー・卸・市場　成果

活動　組織（組織文化）　支援

出所：村松[2015c] 167頁，村松ほか[2015d] 192頁を基に，一部筆者修正。

次に，価値共創マーケティングを捉える上で押さえておくべき研究枠組み上の概念がある。それは，4Cアプローチである（村松[2015c] 167頁，村松ほか[2015d] 192頁）。小売業を考える際，上記4Cアプローチに追加すべき事項が2つある。1つは，「地域社会との共生」である。小売業は，店舗を通じ，地域社会と常に密接な関係を構築しており，小売業の繁栄は，地域社会との共生を外せない。もう1つは，顧客と価値共創を図るためには，店舗で働く従業員の満足度（モチベーション）をいかに高められるか，すなわち，「インターナル・マーケティング」の重要性である。本研究では，北欧学派のGrönroosが提唱した「サービス・マーケティング」（藤岡[2015] 31頁）の概念を意識している。本章では，内部統合の一部として「インターナル・マーケティング」を追加した。

第2節　事例研究

1. ヤオコーの概要

　本章の事例として取り上げた（株）ヤオコーは，2014年度において単体で26期連続増収増益を達成した日本を代表する食品スーパーである。埼玉県小川町の老舗食料品店として1890年に誕生し，現在は川越市に本社を構える売上高約2800億円，従業員数約11,600名，総店舗数142店舗（2015年3月末時点）の東証一部上場の企業である。代々社長は，川野家から出ている。現社長の川野澄人氏は5代目の社長である。

　さて，ヤオコーの成長の源泉は一体どこにあるのか。その答えは，独特の経営スタイル，マーケティング手法にある。全員参加型のCOに基づく個店経営の実践。店舗において従業員が顧客に対し，CSCを軸に，ミールソリューション（メニュー提案）を実施し，顧客との相互コミュニケーションを図り，購買後，顧客はヤオコーで教えてもらったメニューをベースに料理を作り，日々

の家族団らんを実現している。ヤオコーの商圏に住む顧客にとって，ヤオコーは，おいしい，新鮮，安全，リーズナブルな食材をベースに，ミールソリューションという食の問題解決サービスを提案してくれる信頼に足る（サービス品質の高い）食品スーパーなのである。故に，ヤオコーは価値共創型小売業と言えるのである。

　さらに，今日のヤオコーの価値共創型企業システムが構築された変遷を以下5つのフェーズで捉える。1つ目は，現会長の母親，ヤオコー2代目社長川野トモ氏が，1958年に八百幸商店からセルフサービス方式の販売形態を取り入れたスーパーマーケットに業態転換したことである。2つ目は，1978年に小川町に食品スーパーを核とした Neighborhood Shopping Center（以下，NSC）を開店したことである。この NSC がその後のヤオコーの店舗開発の雛形となった。3つ目は，1998年の狭山店改装である。当時，狭山店の近隣にフランスの大手ハイパーマーケットであるカルフールが出店してきた。店舗面積や経営規模の面では，圧倒的にカルフールがヤオコーより有利であった。当時，代表取締役社長の川野幸夫氏（現代表取締役会長）は「カルフールとヤオコーでは商売の仕方が違う。彼らは週末型の購買行動を取るお客様を相手にし，ヤオコーは週に何度も買い物に来るお客様を相手に商売をしている。商いのスタイルが違うのだ。カルフールは広域商圏型のハイパーマーケット。ヤオコーは小商圏型の食品スーパー。よって，今こそ，自分たちは何屋になるべきかを真剣に考えないといけない」と語ったそうである。正に，マーケティングで最も大切な自社の「ポジショニング」を再検討したのである。このフェーズにおいて，今日のヤオコーの価値共創型企業システムへの経営上の大転換が行われたのである。すなわち，「ヤオコーは，今後ライフスタイルアソートメント型の食品スーパーを目指す」と決断したのである。4つ目は，2003年に川越南古谷店で始めたライフスタイルアソートメントを一歩進めた「ミールソリューション（メニュー提案）」の導入である。当時，初代店長を務めた小澤三夫氏（現取締役販売部長）は，店舗における組織上の大改革を断行している。それは，ミールソリューションの核装置である「CSC」の本格導入で生鮮，デリカ等の売り場との連動性を高めたことである。従来，食品スーパーにおいては，部門毎の売

上，収益志向が壁となり，縦割りのサイロ型組織が普通であった。しかし，ヤオコーが「ミールソリューション」に真剣に取り組む上では，上記サイロ型組織は不適合であった。よって，その壁を壊し，部門横断的（クロスファンクショナル）な組織に切り替える必要があった。最後は，2012年に川越的場店から始めた「価格コンシャス」への取組みである。上記5つのフェーズを振り返ると，ヤオコーは，店舗実験を通じ，仮説検証を繰り返しながら，常に顧客視点で漸進的なイノベーションを起こし続けている企業と言える（中見[2015] 158-160頁）。

2. 具体的な事例分析（含む調査方法）

今回小売業における価値共創型企業の代表事例としてヤオコーを選んだ理由としては，第1章でも述べたヤオコーの経営理念に基づく「顧客第一主義」，「ライフスタイルアソートメントに基づくミールソリューションの実施」が先行研究で触れた「価値共創マーケティング」の概念（4Cアプローチ）に合致しているためである。また，企業システム面においても，従来のCO型の小売企業とは違い，店舗へ大幅な権限移譲がなされ，店舗におけるサービス・エンカウンター（CSCや対面式の鮮魚コーナー等）での顧客との価値共創が起点となり，内部統合の観点から，本社経営層，及び店舗での店長，部門チーフ，従業員，パートナーが一体となり，全員参加型の個店経営が実行されている。また，外部統合の観点からも，ヤオコーでは，顧客の「使う・利用する（料理する）」という消費プロセスに踏み込むべく，店舗におけるサービス・エンカウンター（＝CSC）を通じ，顧客と相互コミュニケーションすることにより，常にニーズを掴み，そのニーズに応えるべく，取引先（生鮮の生産者，メーカー，卸，市場等）をも巻き込んだ垂直的顧客システム（Vertical Customer System：以下，VCS）（村松[2015c] 165頁）を構築している。

本事例の調査方法については，2014年1月から4月，さらに2015年7月に実施された本社経営層や店長，およびCSCで勤務しているパートナーへのインタビュー，そして2014年8月に実施された4つの実店舗における顧客の店

舗選択行動に関する定量アンケート調査[2]）の結果を踏まえ，ヤオコーが4Cアプローチに基づく価値共創型企業であることは裏付けられている。

　ヤオコーの長年の継続的な成長（市場創造＝小売イノベーション）を語る上で欠かせない概念は，「COに基づく個店経営」である。個店経営自体は，従来のCO理論の対極にある概念である。すなわち，COは多店舗展開を実施するための店舗標準化の考え方であり，効率重視の経営スタイルである。一方，個店経営は，各店舗に権限を委譲し，CSC等のサービス・エンカウンターでの顧客との価値共創を通じ，顧客の消費プロセスに直接的に影響を与え，顧客の文脈価値創造をサポートする全員参加型の経営スタイルである。よって，通常であれば両立が難しい2つの概念を組み合わせた「COに基づく個店経営」を実現している小売企業は，世界を見渡しても数少ないのが現状である。「COに基づく個店経営」を日本で最初に始めたのは，かのセブンイレブンであった。ヤオコーやヨークベニマルは，セブンイレブンやアメリカの地域密着型の食品スーパーのウェグマンやホールフーズの店舗視察を通じ，自身の商圏特性に見合った食品スーパー業態での「COに基づく個店経営」を模索したのである。ヤオコーを長年経営指導している経営コンサルタントの島田陽介氏は，「ヤオコーのCOに基づく個店経営は，歌舞伎の名代システムによく似ている（島田［2014］30頁）」と述べている。故に，ヤオコーの「COに基づく個店経営」は，上記経営理念が詰まった一子相伝の経営システムであり，他の小売企業が同様に真似ようとしても簡単には真似が出来ないのである。しかし，以下のインタビューの内容を踏まえ，価値共創型企業を目指す小売企業にとって参考にすることは可能である。

　また，内部統合の観点から見た際，CSCが顧客との価値共創において果たす役割，及びCSCを活かす店舗内の部門横断型組織について，2014年2月のインタビューで小澤氏は，以下のように述べている。

　「2003年3月に自分が川越南古谷店の店長に着任した頃，自分の店では，本社を意識せず，お客様だけをしっかり見て対応していこうと従業員には繰り返し説いた。その象徴がCSCであった。CSCで働いている方は，新規に採用された店舗近隣に住む普通の主婦の方々です。彼女達の主婦目線で，ヤ

オコーの新鮮でおいしい生鮮食材やデリカ，PB等を用いてお客様にメニュー提案をして欲しいとお願いしました。決して，売らなくていいですよと伝えた。ここはお客様とCSCの皆さんとの井戸端会議の場なのですと。私の狙いは，お客様の食事に関する課題や悩みを気楽に，楽しく相談出来る場を作りたかったのです。だから，『CSC』を生鮮とデリカコーナーの間にわざと配置したのです。要は，コンシェルジュのような存在ですね。あと，やってみて気づいたことは，CSCの方々が，店舗における情報センターの役割を果たしていることです。すなわち，お客様のニーズや不満点を汲み取り，その貴重なお客様情報を各部門のチーフ，そして店長に素早くフィードバックされていくわけです。店舗内の部門間をまたぐ横断型コミュニケーションですよね。また，CSCが得た貴重なお客様情報は店長や各部門のチーフから本社の商品部のバイヤーや販売部の主要メンバーに伝えられ，本社のMD（品揃え，価格政策）や店舗運営戦略に良い影響を与えているのです。これこそ個店経営の良さです。本社と店舗とのツーウェイコミュニケーションですね。このサイクルを回す上手さがヤオコーの真の強みなのです。」

　もう一点，2015年8月に行った三芳藤久保店のCSCで働くパートナーへのインタビュー内容から顧客の文脈価値創造に関するプロセスの解明に役立つヒントを以下紹介する。

　「私にとってCSCでの仕事は，顧客の食に関する悩みや相談を受けたり，当日の晩御飯のメニュー提案をするだけではないのです。お客様はCSCを自分の家族の悩み事や，自身の趣味等のプライベートなことをつい話したくなるコミュニケーションの場であると思っている人は結構多いのです。お客様が次回CSCに立ち寄られた際に，『あなたのおかげでこの前の家庭上の悩みは解決したわ。また，提案頂いたメニューも作ってみたら家族から好評だったわよ』と感謝される時が一番やりがいを感じる時です。」

　本インタビューの内容は，文脈価値の創造は，多段階で行われることを示唆している。すなわち，CSCでの顧客とパートナーとの相互コミュニケーショ

ンによる価値共創だけで文脈価値が醸成されるだけではなく，購買後の家庭における消費プロセス（料理を作る）を経て，家族との食卓でのコミュニケーションを通じ，文脈価値は醸成される。さらに，次回顧客がCSCに立ち寄った際に，パートナーにミールソリューションに対する感想を述べた際に，次なる顧客とパートナーとの価値共創が発生し，新たな文脈価値の創造に繋がるのである。

次に，外部統合の観点から見た際，上記でも述べたが，ヤオコーでは，取引先（生鮮の生産者，メーカー，卸，市場等）をも巻き込んだVCSが構築されている。具体例として，2014年2月に常務取締役経営企画室長の上池昌伸氏へのインタビューの内容を以下紹介する。

「ヤオコーでは昔から産地産直に積極的に取り組んできました。その1つが，JA赤城との連携です。JA赤城のご担当者が，地元の農家の方の物流面を束ねて頂き，安定した青果の供給を担ってくれています。いわば，メーカーにあたるのが農業生産者の方々，卸にあたるのが，JA赤城なのです。このような6次産業化は今後もっと進めていきたいと考えています。但し，ヤオコーは現在130店舗以上構える食品スーパーになっています。よって，一部の地域にだけ商品供給するのではなく，各地の産地を商品部のバイヤーが回り，現地の生産者の皆様との連携を通じ，お互い適切な商い（三方よしの考え方）をしていかないと商品の安定供給は実現しません。その実現こそが，顧客のおいしくて，新鮮な野菜を食べたいというニーズに応えることに繋がるのです。」

また，「経営理念，経営・組織文化」がヤオコーの個店経営にどのような影響を与えているのかについて，2014年12月の川野氏へのインタビュー内容を以下紹介する。

「一言で言えば，『おかげさまで』とお客様に言われる会社を目指すということだよね。忘れてはいけないことは，ヤオコーは株主だけのためにあるのではなく，従業員が日々活き活きと充実した人生，働き甲斐のある生活を送れるような場であって欲しいということだよね。今風の言い方をすると，

『インターナル・マーケティング』とでも言うのかな。今日，消費者の食に対する嗜好は一人十色だ。食の多様化といえよう。消費者の食に対する価値観も大きく2つに分かれる。1つは，『より低価格』，もう1つは，『値ごろで高品質（鮮度，安全重視）』。ヤオコーは，創業以来，『近隣住民の食生活をより豊かにすること』を経営理念としてきた。この経営理念の従業員一人一人への浸透こそが，経営者である私の役目だと思っている。もう1つ大切にしてきたことがある。それは『自分たちは今後何屋を目指すのか？』ということだ。商いにおいて大切なことは，『変わらなければいけないこと』と『変えてはいけないこと』をよく理解することだ。『変わらなければいけないこと』とは，『お客様のニーズの変化に適応する，同時にその変化を主導する』ということだ。一方，『変えてはいけないこと』とは，『志が高い明確な企業理念，哲学がバックボーンとして一貫性がある』ということだ。ヤオコーの目指す食品スーパー像は，『豊かで楽しい食卓提案（ミールソリューション）』と『価格コンシャス』を両立した食品スーパーだ。本社は店舗のサポート役であり，本社と店舗が一体となって全員参加型の経営を実現していくべきだ。この経営スタイルを私は『個店経営』と呼んでいる。店舗で働くお客様に一番近い従業員（店長，チーフ，スタッフ，パートナーさん）がヤオコーでは最も偉いのです。彼らがモチベーション高く，自らの頭で考え，仮説検証しながら行動出来る全員参加型の経営スタイルがヤオコーの強みといえる。それを実現するためには，本社から店舗へ大幅な権限委譲が必要なのです。店長がヤオコーとしての経営理念を自分なりに咀嚼し，自分の任された店舗のマネジメントをお客様視点で従業員と一緒になって遂行することが出来れば，きっと店舗ロイヤリティは高まるはずです。また，ヤオコーにとって，人材は『コスト』ではなく，『投資』なのです[3]。」

最後に，ヤオコーにおける価値共創型企業システムがもたらす成果については，ヤオコーの強みであるライフスタイル商品である「生鮮」と「デリカ」の比率が売上高構成比における50％を超えている点（通常の食品スーパーでは40％前後）とライフスタイル商品自体，ミールソリューションを通じて販売さ

れているせいか，決して安売りはされておらず，相場観に見合った値ごろな値段で販売されている点である。すなわち，ヤオコーでは，ライフスタイル商品で十分利益が生み出されていることを示唆している。よって，ミールソリューションという価値が顧客に評価された結果，ある意味，報酬授受システムが機能しているといっても過言ではない。

第3節 考　察

1. 顧客の消費プロセスで行うマーケティング（価値共創マーケティング）の実態

　本事例研究を通じ，小売業における「顧客の消費プロセスで行うマーケティング（価値共創マーケティング）の実態」について以下考察を述べる。

　ヤオコーの事例研究を通じ判明したことは，店舗における店長，部門チーフ，従業員，パートナーへの経営理念の浸透がいかに価値共創マーケティングを実現していく上で重要であるかを示唆している。すなわち，経営理念は，決してお題目であってはならず，経営層が繰り返し，「顧客視点の重要性」を社内で説き，インターナル・マーケティングを通じ，経営・組織文化として浸透させていく必要がある。その結果，店舗におけるCSCを通じ，顧客との価値共創に繋がり，顧客の消費プロセスに直接的に関与し，購買後の顧客の価値創造にポジティブな影響を与えるのである。故に，食品スーパー業界において，ヤオコーの強みはCSCでの戦術面でのミールソリューションだとよく思われがちだが，経営理念の浸透なくしてCSCの本来の役割，すなわち顧客との価値共創は実現し得ないのである。また，CSCのもう1つの役割は，顧客の潜在ニーズを掴むための情報センターとしての機能である。顧客との相互コミュニケーションを通じ，潜在ニーズを素早く掴み，店舗内，及び本社と相互に情報共有化出来る企業システムの構築は価値共創型企業になるためには必要である。それを実現するためには，CSCを活かすための店舗内における部門横断

型の組織，人材教育が必要となる。

2. 共創される文脈価値のプロセス解明

「共創される文脈価値のプロセス解明」について以下考察を述べる。ヤオコーのCSCで働いているパートナーの発言は，共創される文脈価値のプロセス解明に有益な示唆を与えてくれる。すなわち，文脈価値は，各々のお客様の価値観やライフスタイル等により異なり，例えば，若い主婦であれば，子育てや食育等，ミドルの主婦であれば，子供の受験の悩み，自身の更年期の悩み等，シニアの主婦であれば，自身や夫の健康予防等に関心があるかもしれない。よって，CSCで働くパートナーは，顧客それぞれの求める文脈価値を正確に見極め，ミールソリューションばかりにこだわらず，顧客の真のニーズを的確に掴み，CSCでの相互コミュニケーションを通じ，価値共創し，顧客の消費プロセスに直接的に関与していくべきである。また，ミールソリューションを行う際にも，顧客の料理に対する能力（ナレッジとスキル）と意思の強さを考慮すべきである。例えば，顧客に強い意思はあるが能力が低い場合には，CSCにおいて顧客をリードするマーケティング（簡単で美味しいメニュー提案）を実施する必要がある（村松ほか[2015d] 192頁）。要は，相手のニーズと能力に見合った臨機応変な提案が必要であり，その結果が顧客のポジティブな価値創造につながるのである。それが，顧客の店舗に対するロイヤルティや報酬授受システムの構築にも作用する。その実現のためにも，CSCで働くパートナーへの接客方法，料理のメニュー作成能力向上のための研修は必要である。要は，インターナル・マーケティングを通じた従業員満足度の向上に尽きる。

3. 地域社会における小売業の果たす社会的役割の重要性

「地域社会における小売業の果たす社会的役割の重要性」について，以下考察を述べる。冒頭でも述べたが，今後，小売業が発展していくためには，「地域社会との共生」は必須である。ヤオコーのCSCでのインタビュー事例から

もわかる通り，地域の住民にとって，食品スーパーの店舗は様々なプライベートの悩みや食のメニューの悩み等を相談するコミュニケーションの場（井戸端会議の場）と化している。要は，単に食材を買う場所ではなくなりつつある。よって，価値共創型小売業にとっては地域の代表者であり，家庭の主婦でもあるCSCで働くパートナーを通じ，より地域社会と積極的に向き合い，顧客との相互コミュニケーション（相互作用）による価値共創を図り，顧客の消費プロセスに直接的に関与し，顧客の文脈価値創造をサポートすべきである。その文脈価値の実現こそが顧客の信頼感を得ることに繋がり，自社店舗に対するロイヤルティ向上にも繋がるのである。今や「小売業の店舗は，昔の寺・神社のような公共の存在（上田 [2013]）」になりつつあるとも言えよう。

第4節　おわりに

1．結論，インプリケーション

　本章では，価値共創マーケティングにおける4Cアプローチをベースに，ヤオコーをケース事例として取り上げ，顧客の消費プロセスで行うマーケティング，及び共創される文脈価値のプロセス解明に焦点をあててきた。小売業における価値共創マーケティングを捉える際に重要なことは，顧客と価値を共創する場（Contact）を店舗内に設定し，その場を通じ，顧客の課題や悩みを素早く汲み取り，相互コミュニケーション（Communication）を図り，価値共創し（Co-creation），購買後の消費プロセスに直接的に影響を与えられる提案を実施し，顧客の文脈価値創造（Creating Value-Context）を積極的にサポートすることが重要である。ヤオコーのケース事例では，それがCSCにおけるミールソリューションであった。その提案が顧客にポジティブに作用すると顧客の文脈価値の創造に繋がるのである。その際に重要となるのは，顧客との「信頼関係」である。この「信頼関係」の醸成こそが，価値共創マーケティングを実現

するためには極めて重要である。この「信頼関係」を醸成するためには，小売業は常に従業員満足（モチベーション）の向上に努めなければならない。その手法として，インターナル・マーケティングがあり，経営スタイルとして「COに基づく個店経営」があると考えられる。

　学術的な貢献としては，ヤオコーの具体的なケース事例を通じ，小売業における価値共創型企業の「顧客の消費プロセスで行うマーケティング」，及び「共創される文脈価値のプロセス解明」に踏み込めた点である。特に，「共創される文脈価値のプロセス解明」については，これまでの先行研究では具体的に踏み込めておらず，本ヤオコーのケース事例を通じ，メニューという問題解決手法をCSCを通じて顧客に提案し，価値共創することにより，顧客の消費プロセス（料理）に直接的影響を与え，家族の食事後の高評価を経て，ポジティブな文脈価値が創造されることが判明した。その結果，顧客のヤオコーへのロイヤルティ（信頼感），再来店率は高まるものと想定される。また，ライフスタイル型商品の販売価格（値ごろ感）にも好影響が持たされることも判明した。いわゆる，価値共創マーケティングがもたらす報酬授受システムへの貢献と言えよう。

　実務的な貢献としては，ヤオコーを真似してCSCを設置している他の小売業にとって，価値共創の本質が理解できた点である。具体的には，自社の経営理念や経営・組織文化，ポジショニングに照らし合わせながら，自社ならではの顧客への価値を再検討し，それに見合った価値提案が出来れば，顧客は関心を示し，顧客との相互作用を通じ，価値共創が生まれるはずである。その結果，顧客の消費プロセスに入り込むことが出来れば，顧客の文脈価値創造に繋がるはずである。要は，ヤオコーのCSCの単純な真似ではいくら頑張っても顧客には文脈価値を見出してもらえないということである。

2. 課題と展望

　今後の研究上の課題と展望について以下述べる。今回は価値共創型企業の代表事例としてヤオコー1社を取り上げたが，同様の食品スーパー業態における

価値共創型企業（ヨークベニマルやハローデイ等）においても同様の価値共創のメカニズムがあてはまるのかという点と他の小売業態（CVSやドラッグストア等）の価値共創型企業においても本研究の分析・考察結果が適用可能かという点である。

また，昨今のPB興隆に伴う，価値共創型小売業における共同開発・生産については，ヤオコーの事例では具体的に踏み込めなかった。ヤオコーにおいても「Yes Yaoko」というPBシリーズを発売しており，今後価値共創マーケティングの観点からモノの共同開発・生産面における研究自体も継続して取り組んでいきたいと考えている。

（注）
1) 島田[2015]によると，「ミールソリューション」とは，「食生活を提案する」という意味である。「食の課題解決」と置き換えてもいいであろう。アメリカのスーパーマーケットは，従来の品揃え中心の「業態」概念から脱却し，現在，ライフスタイルアソートメントテーマ毎に食材を含むサービスを顧客に提供している。その代表的な食に関するテーマが「オーガニック」，「健康」，「美容」，「ダイエット」等であり，自社のポジション，ターゲット層を見据え，「ミールソリューション」を行い，他社との競争差別化を図っている。アメリカにおける代表的なミールソリューション型スーパーマーケットは，ウェグマン，ホールフーズマーケット等であり，日本ではヤオコー，ヨークベニマル，ハローデイ等が有名である。
2) 中見・福田[2014]が8月に実施したヤオコー4店舗（郊外型NSC店舗：川越南古谷店，三芳藤久保店，都市型店舗：入曽店，東所沢店）での店舗ロイヤルティの調査（サンプル数：520名，統計分析手法は，探索的因子分析後，共分散構造分析を実施）の結果，店舗選択要因で正の影響を持っていた2つの店舗選択要因は，「サービス要因（店内の楽しく，センスのある雰囲気，店員の商品知識，接客サービスの良さ）」，「品質要因（鮮度，安全，値ごろ感）」，そしてCSCで提供されている「経験価値要因，コミュニティ要因」であった。
3) 三村[2014]によると，Zeynep[2012]は，世界の有力小売業の経営分析を通して2つのタイプがあることを提示している。つまり，人をコストドライバーと捉えて省力化を追求するタイプと，人をセールスドライバーとして捉えて従業員の能力開発を追求するタイプに分かれると述べている。前者は短期的には高収益を実現するが，長期的にはコスト削減効果の低下とともに売場の荒れなどに結びつきやすいとしている。IT化や自動化による省力化は重要であるが，あくまで補完的であり人の能力に代わるものではないと主張している。

（中見　真也）

第8章

顧客接点を通じた価値共創マーケティング
―島村楽器の事例から―

第1節　はじめに

1.　問題意識と研究目的

　価値共創は，顧客の消費プロセスで行われる企業と顧客の直接的な相互作用として定義される（村松[2015b] 137頁）。言い換えると，価値共創は消費プロセスで企業と顧客の直接的な関係を通じて実現される。これはマーケティング研究の視点から見れば，いかに顧客の消費プロセスに入り込んで，そこで顧客と直接的な相互作用を行うことが課題となる。「入り込む」，「直接的な関係」のいずれも顧客接点を持つことが前提とされる。村松[2015b]は顧客接点からスタートとする価値共創の4Cアプローチを提示している（145頁）。すなわち，顧客との接点（contact）を構築し，そこで顧客とコミュニケーション（communication）する。その基で，直接的な相互作用を通じて共創（co-creation）する。結果として，顧客の文脈価値（value-in-context）が生成される。

この意味で，すでに顧客接点を持っている企業は，顧客との価値共創が実現されやすいと思われる。一方，接点を持つだけで，顧客の消費プロセスに入り込んで価値共創できるとは限らない。マニュアル化されたサービスを提供することに専念しているサービス業，セルフサービスを究極に導入し仕入れと販売に注目している小売業は，この世の中に多数存在している。価値共創の大きな可能性，価値共創の優位性が潜んでいるこれらの企業に，価値共創企業に転換するための示唆を与える必要性が浮かび上がる。

このことについて，村松ほか[2015a]は顧客接点を通じて，顧客の文脈価値の生成に影響を与えるマーケティング活動をすでに提示している。すなわち，①生産と消費が同時進行するサービスのプロセスでサービスの品質を高めること，②サービスの品質を高めることで，顧客と接した後に文脈価値の生成に間接的に影響すること，③すでに持ち合わせた顧客接点を基にして，情報発信やモノに共同関与することである（195頁）。しかしながら，演繹的に導出されたこれらのマーケティング活動は実際にどのように展開されているか，それは企業と顧客の価値共創といかに関連付けるかなどの課題が残されている。

以上の議論を踏まえ，本章は村松[2015b]に挙げられた価値共創マーケティングにおける4つの研究課題のうち，課題③顧客の消費プロセスで行うマーケティングを取りあげ，企業がいかに顧客接点を活用して価値共創マーケティングを展開し，顧客と価値共創するかを解明することを目的とする。

2. 研究方法

研究目的を達成するために，顧客接点を持ち，さらに価値共創を取り込んでいる島村楽器株式会社（以下，島村楽器）を取り上げ，事例研究を行う。

村松ほか[2015b]は価値共創型企業システムの原型事例として島村楽器を取り上げ，市場創造と内部統合，外部統合の関係に焦点を置いて事例研究を行った。2013年から2014年にかけて行った3回のインタビュー調査を通じて，同社は価値共創に積極的に取り込んでいることが確認できた。本章では，企業と顧客の二者間関係，価値共創に絞り込んで，同社を取り上げる。

本章の事例は，2015年8月に島村楽器広島パルコ店内で行ったインタビュー調査で発見された事実に基づいたものである。調査は現場で実際に顧客と接している従業員に依頼した。広島パルコ店店長，音楽教室兼任店長，接客スタッフとバイオリンサロンのインストラクターの4人がインタビューに応じてくれた。調査は顧客接点，顧客との相互作用に焦点を置いて行った。

第2節　事例研究

1. 島村楽器の概要

島村楽器が設立されたのは楽器販売を開始した1969年である。その前身は1962年からスタートした音楽教室というサービス業である。楽器販売を開始した経緯は，音楽教室の生徒の親から家で練習できるように楽器が必要だという声を講師が拾ったからである。さらに，楽器の販売から，2001年に楽器の製造へと事業を拡大した。「音楽を楽しむ人を1人でも多く創る」ことを目標とし，楽器販売，音楽教室，楽器生産，スタジオ運営，イベントなど多様な事業を展開し，業界トップクラスの総合楽器店に成長してきた。

サービス業から事業を展開した同社は出店する際に，楽器売場より音楽教室，練習スタジオなど顧客のミュージックライフをサポートするソフトの部分に大きなウエイトを掛けている。それに，楽器，音楽に関するイベントを頻繁に開催している。これらのことを通じて，同社は様々なパターンで顧客と複数の接点を持つことが実現されている。複数の顧客接点を通じて顧客のミュージックライフに影響を与えることに努めている同社は，価値共創マーケティング研究に典型的な事例であると考えられる。

2. 音楽教室における価値共創

(1) 音楽教室の仕組み

音楽教室は島村楽器の起点である。同社の音楽教室はミュージックスクールとミュージックサロンといった2つのシステムがある。ミュージックスクールは子供から大人まで，初心者から経験者まで様々な楽器を楽しめるシステムである。決められた曜日と時間で，個人レッスン，ペアレッスン，そして，グループレッスンが受けられる。ミュージックサロンは高校生以上の顧客を対象に，予約制の個人レッスンである。1カ月の会費が決められているが，レッスンの回数が決まっていないという自由度が高いシステムである。顧客は自分のスケジュールと目標に合わせて，当日から予約することができる。

(2) ミュージックライフに対応できるオーダーメイド・レッスン

同社以外の音楽教室は，一般的に，生徒の音楽レベルに基づいてコースを設定し，一定の期間を経過してからの目標を明確にして，楽器の演奏技術を教えることを中心にする。一方で，同社は「音楽を楽しむ人を1人でも多く創りたい」という経営理念の基で，顧客のミュージックライフをサポートすることを目標として独自のオーダーメイド・レッスンを進めている。

同社は顧客がそれぞれのストーリーを抱えて音楽教室に通っているという基本認識がある。これらのストーリーを入会当初のヒヤリングを通じて把握する。それに基づいて，レッスンのプログラムと毎回のレッスンのカルテを決定するし，楽器の練習が続けられるように多様なサポートを提供している。

楽器の演奏が上達した顧客に対して，近い将来のビジョンを見せることで，練習のモチベーションを高めていく。また，上達のペースと実力に応じてレッスンの内容と難易度を調整する。近い目標として同社の発表会やイベントで演奏したい顧客に対して，一緒に曲を選んで，練習を指導し，寄り添ってサポートしている。

同社の間口が広いため，気軽に楽しく楽器に触れたい顧客が多くいる。音楽教室を音楽に触れる場，気分転換する場として利用する顧客に対して，同社は居心地の良い環境の提供に努めている。先生と楽しく話をして，レッスン中楽器を弾かない場合もあれば，仕事で疲れて，先生に演奏してもらい，ずっと演奏を聞く場合もある。どのくらい上達できるかとは考えず楽しくやっていく中で，結果として上達してなおさら満足している顧客が多数存在している。

自宅で一人で楽器の演奏を楽しみたい顧客に対して，無理にイベントの参加を誘うのではなく，面白い音楽のネタ，新しいジャンルを紹介し，一人で長く続けるための楽しみ方を提案する。

これらのことは島村楽器だからこそできることだと言える。何故ならば，音楽をきっかけとして生活を豊かにすること，音楽を聞いて癒されることを含め，顧客のミュージックライフを広義に捉え，サポートしていくことは同社の特徴だからである。

3. 小売店舗における価値共創

(1) 店舗内のコミュニケーション

同社では，新規顧客と既存顧客は顧客全体の半分ずつを占めている。その中で，小売店舗は新規顧客の創造に大きく貢献している。「モノを売る前にコトを売り，コトを売る前にヒトを売る」という創業者の思いに基づき，コミュニケーションを通じて顧客と信頼関係を構築することに努めている。

来店している顧客とコミュニケーションする際に，まず顧客を理解する必要がある。話し掛けられるのが好きな顧客とそうでない顧客がいて，それぞれに適切な方法で接客することがポイントとなる。最初に挨拶など簡単な話からスタートし，顧客の反応を伺う。経験則で話し掛けられたいかどうかはこのような一言で分かる。コミュニケーションが好きな顧客に対して，音楽をはじめ，様々な話をする中で，信頼関係を構築していく。コミュニケーションが好きでない顧客に対して，プレッシャーを掛けないような接し方をとる。

繰り返しになるが，同社は顧客のミュージックライフを全面的にサポートすることを目標としている。音楽をやる人だけでなく，音楽を聞く人を含め，様々な方法を通じて音楽を楽しんでいる人が気軽に来店できるように，楽器の他に，スピーカー，イヤホン，楽譜，音楽雑誌などを幅広く取り揃えている。したがって，ここに新規顧客を創造する機会がある。すなわち，信頼関係を築く上で，これまで音楽を聞くだけの顧客に，楽器を始める第一歩を踏ませることである。既存顧客に対して，基本的には担当制を採っている。店長をはじめ，接客スタッフ全員が常に顧客を留意し，自分の顧客の顔と名前を覚え，いつでも対応できる姿勢を整えている。顧客の都合に応じて，急用であれば休みの日でも担当のスタッフが対応することもできる。顧客と一緒に他の店舗に商品を探しに行く場合もある。店長は全体の状況を把握し，顧客が来店する際に，すぐに担当のスタッフに知らせて接客してもらう。

顧客とのコミュニケーションの内容には，2つの特徴がある。1つ目は，商品に関するコミュニケーションであり，楽器の使用プロセスに注目していることである。楽器が欲しいからではなく，演奏して音楽を楽しむために楽器を購入するという基本認識を持っている。その基で，楽器を販売する際に，演奏のための音楽教室の情報やイベントの情報を紹介することは一般的である。楽器以外の商品の場合，商品を使う環境を聞き出し，最適な商品の紹介，使用時の提案を行う。商品の使用プロセスの状況を把握するには，コミュニケーションの2つ目の特徴と関わっている。すなわち，楽器，音楽の他に，プライベートの内容が盛り込まれていることである。顧客がやっている楽器，ジャンルなど音楽の話に拘ると，結局いい楽器を紹介し，購入してもらうだけで関係が終わってしまう恐れがある。音楽と絡める顧客の日常生活を理解することによって，この顧客に最適な音楽教室やイベントなどを提案し，楽器を購買する以外のミュージックライフをサポートすることができる。それに加え，幅広い話の中で，信頼関係を一層高め，提案したことを顧客が素直に信じてくれるという効果もある。

(2) 顧客との相互作用プロセスの記録

　接客スタッフは，商品を購入することから始まった顧客との相互作用プロセスをユーザー・ノートに記録している。最低限に顧客の名前，いつ，何を購入したか，連絡を取れる時間帯などが記入される。楽器を販売した後に，顧客に電話を掛けて，購入した楽器を楽しんでいるかどうか，困っていることがあるかどうかなどを聞いて，積極的にコミュニケーションを取る。顧客の再来店に伴い，コミュニケーションの回数と内容を積み上げていく。スタッフは接客の合間に常にユーザー・ノートを見て，自分が担当する顧客一人一人の状況を把握する。そして，次回その顧客に提案できることを考えて，メモを取る。顧客がいつ来店しても，十分に対応できるようにすることが重視されている。

　顧客とのコミュニケーションには，顧客から電話が掛かってくるというパターンもある。その内容は購入した商品の使い方，音が出ないなど困っていること，試奏した楽器について知りたい，など様々がある。例えば，パソコン関係の楽器を購入した顧客はインストールの仕方が分からない時に，楽器メーカーのサポート・センターではなく，同社の店舗に電話を掛けてくる。同社のスタッフは店舗のパソコンの画面を見ながら，電話で顧客に操作の仕方をひとつひとつ教え，使用できるようにサポートする。顧客から電話が掛かってくる際に担当のスタッフが直接話をする。日々ユーザー・ノートを通じて顧客の状況が分かるスタッフはすぐに対応できる。

　ユーザー・ノートは小売店舗で商品を購入した顧客を対象とする。その他に，PPノート（プロスペクトの意味）と呼ばれる見込みのある顧客を対象とするノートがある。一度接客して，商品を購入しなかった一方，楽器の購入あるいは音楽教室の入会を検討していることが分かれば，その顧客の情報をPPノートに記入する。このような情報を参考にしながら，音楽を始めようとする顧客をサポートしている。例えば，半年前にギターを見に来た顧客が今ギターを弾けるかどうかが分からないが，相応しいと思われる音楽教室のセミナー情報があれば，それを電話で伝える。

　顧客のミュージックライフをサポートするという立場から，購入したかどう

かにも関わらず，一度顧客とコミュニケーションを取ってから関係が始まる。そして，楽器を販売したら終わりではなく，楽器を良い環境で楽しく演奏するために必要なもの，情報を提供することが販売スタッフの仕事の大きな割合を占めている。これらのことは，売上にどれくらい貢献したかという結果ではなく，行動，プロセスを重視する仕組みが会社の中で出来上がっていることと繋がっている。

4. イベントを通じた価値共創

　島村楽器では，「HOTLINE」と「YOUR STAGE」を代表とする全社レベルのイベントが毎年開催されている。「HOTLINE」は1984年から毎年開かれているアマチュアバンドコンテストである。5月から8月までの毎週末で，各店舗のスタジオで予選を行う。店舗レベルの予選を勝ち抜いたバンドは全国11エリアの選抜を経て，11月に東京の恵比寿にあるThe Garden Hallで開催されるジャパンファイナルに出場する。

　「YOUR STAGE」は音楽教室の会員がプロが演奏するステージで演奏したいという思いを実現させるために始まったイベントである。2004年から始まり，2010年までは毎年1回東京のサントリーホールの小ホールで開催されてきた。音楽教室の会員は参加費を払って，1人で5分間演奏する。顧客から反響がよく，2011年から東京，大阪の2会場で2日間連続で開催することに至っている。

　全国レベルのイベントの他に，各店舗の店長，スタッフが主導するイベントも多数開催されている。例えば，長年バイオリンを練習して，買い替えを考えている顧客を対象に，バイオリンの展示会を開催する。昔憧れたアコースティックギターをやりたいという顧客の要望に応じて，大人の弾き語りライブを行う。その他に，楽器の専門家の立場から顧客に提案するイベントもある。例えば，高級なピアノを顧客に体験してもらいたいと考え，メーカーからピアノを借りて体験イベントを開催する。また，顧客に音楽の魅力を感じてもらうため，音楽教室の講師とインストラクターの先生によるデモンストレーションが

定期的に開かれている。その他，有名な先生を招き，講習会やメンテナンスが不定期に企画される。

第3節　考　察

1. 消費プロセスの再考

　島村楽器は，楽器を購入した人，音楽教室に通っている人という視点ではなく，音楽を楽しんでいる人を顧客として捉えている。それ故，価値共創研究における消費プロセスは，同社の場合，新たに解釈されている。すなわち，楽器の使用プロセス，音楽教室，イベント，スタジオの利用プロセスを包括する顧客のミュージックライフが消費プロセスと定義される。このように，消費プロセスの範囲は音楽に関わるすべてのこと，すべてのプロセスに広げており，楽器販売後，音楽教室のレッスン後，イベント参加後がマーケティングの対象となる。

　また，音楽教室から事業が始まった同社は，最初から顧客の消費プロセスを継続的なプロセスとして捉えていると考えられる。何故ならば，音楽教室に入会した顧客は，一定期間内に連続的に同社と直接的な相互作用を行う。同社にとって，毎回顧客に満足してもらって，顧客との関係を長く続けることはマーケティングの課題である。このような背景で作り上げた価値観の基で，同社は顧客のミュージックライフに多様な接点を通じてアプローチする仕組みが構築されてきたと考えられる。

2. ミュージックライフにおける価値共創マーケティング

(1) 音楽教室における価値共創マーケティング

　音楽教室はサービス業であり，レッスンというサービス・エンカウンターで顧客と直接的な相互作用を行い，顧客の文脈価値の形成に直接的に影響することで価値共創を実現できる。同社はレッスン中に，その都度その場で訴求が変わる顧客に対して，臨機応変に対応することによって，音楽を楽しむという文脈価値を顧客と共創することを実現している。

　また，同社はレッスンの時間以外に，楽器練習の提案，イベントに関する情報発信など顧客が楽器の練習を続けられるためのマーケティングを行っている。そして，楽器を教えること以外のコミュニケーションを重視している。インストラクターにレッスン以外の時間に店舗で接客させることで，顧客とのコミュニケーションの時間を確保する。レッスン中において，楽器の練習の間に，音楽だけでなく，仕事，旅行，趣味，家族構成，ニュースなどの内容を盛り込んで顧客とコミュニケーションを取っている。これらのコミュニケーションは，直接的に文脈価値の形成に影響を与えることはできないが，顧客のミュージックライフを理解するルートとなり，レッスンの進め方とイベントの考案に繋がっている。

(2) 小売店舗における価値共創マーケティング

　同社では，ミュージックライフをサポートすることをスタッフの仕事とし，楽器販売以外に顧客のミュージックライフに関することであれば，何にでも対応するマーケティングを展開している。顧客は来店後に必要な時に常に同社に連絡してサポートしてもらうことができる。前述したように，来店する場合もあれば，電話を掛ける場合もある。この時，すなわち，楽器の使用プロセスにおいて，楽器を通じて音楽を楽しむという文脈価値が顧客と島村楽器によって共創されている。

顧客との価値共創を実現させるのは，ユーザー・ノートを代表とする顧客の消費プロセスを個別に把握するためのマーケティング活動である。それを基にして，来店中に楽器の使用プロセスを意識したコミュニケーション，顧客のミュージックライフを理解するためのコミュニケーション，顧客の需要に応じた音楽教室及びイベント情報の提案などは，顧客との価値共創の実現に寄与すると考えられる。

(3)　価値共創マーケティングとしてのイベント開催

　イベントに関して，同社の理念は事業として単体の利益を出すより，顧客に喜んでもらうことが重要である。「HOTLINE」の舞台からデビューして有名になっているバンドが多数存在している。また，「YOUR STAGE」や発表会に参加する顧客は，人前で演奏する達成感を味わえる。楽器の弾き合い会，発表会などのイベントは顧客同士のコミュニケーションの場を提供している。他の人の楽器を見て自分も入手したい，元々ギターをやっている顧客がピアノの魅力のとりこになり，ピアノを始める，他の人と仲良くなってバンドを組んで一緒に練習するなどの事例がたくさんある。イベントを通じて，生産と消費が同時進行するプロセスで直接的な相互作用を通じて，ミュージックライフを楽しむという文脈価値を顧客と共創することが実現されている。

　それに加え，他の人の演奏を聞いて刺激を受けて自分も上達したい，毎回のイベントで自分の成長を見てもらいたいため，普段のレッスンで一生懸命練習する顧客もいる。このように，楽器を長く続ける動機を得て，一層ミュージックライフを楽しむことができる。このような顧客に対して，イベントは参加する時だけでなく，その後のミュージックライフにおいても影響し続けている。

3.　価値共創と価値共創マーケティング

　価値が消費プロセスで顧客によって判断されるということは，価値共創の議論の前提である。価値を創造するのは顧客であり，必要であれば，顧客は企業を価値創造に招き入れ，企業と価値共創する。マーケティングの視点から，顧

客の価値創造に招待された企業は，4Cアプローチによって顧客と価値を共創する。

　事例研究を通じて，島村楽器は顧客のミュージックライフを継続させることを重視することが分かった。音楽教室で楽器の練習を続けさせるためのコミュニケーション，情報発信，また，小売店舗でユーザー・ノートを通じて顧客のミュージックライフを描き，絶えず情報提供や提案を行う努力，ミュージックライフが続けられるために企画されたイベントなど一連のマーケティング努力によって，顧客との関係を長年に維持し，その中で価値共創が繰り返されている。消費プロセスの時間軸を広げ，その中に価値共創の機会を創り出し，活用する。言い換えると，これらは，顧客の消費プロセスに招待されるためのマーケティングであり，顧客との共創領域を拡大する市場創造である。同社の場合，時間軸が広げられた消費プロセスに潜んでいる価値共創の機会は，複数の顧客接点の相乗効果によって価値共創の実現に結び付いていく。

　顧客の消費プロセスに招待され，そこで顧客と直接的な相互作用を通じて価値を共創するマーケティングを同社が展開している。事例の中で，顧客が音楽教室に来る際に，顧客に音楽を楽しんでもらうための直接的な相互作用，楽器を必要とする顧客が小売店舗に来店する際に，商品の選択や楽器に関する悩みを解決するための直接的な相互作用，そして，イベントに参加しに来る顧客に，達成感を感じさせる，あるいは音楽に関する知識を取得してもらうための直接的な相互作用などはそれに当てはまる。これらのマーケティングの直接的な結果は価値共創であり，価値共創マーケティングとして捉えられる。この場

図表8-1　4Cアプローチから見る価値共創と価値共創マーケティングの関係

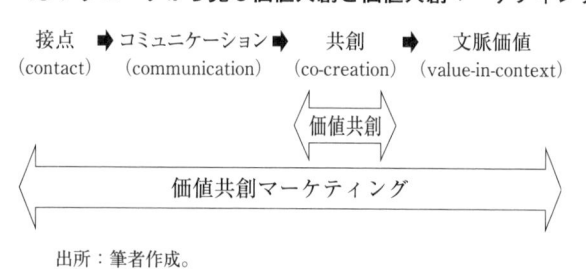

接点　➡　コミュニケーション　➡　共創　➡　文脈価値
(contact)　(communication)　(co-creation)　(value-in-context)

<─価値共創─>

<──────価値共創マーケティング──────>

出所：筆者作成。

合，価値共創マーケティングは消費プロセスで顧客の価値創造に影響する直接的な相互作用として定義される。

要するに，価値が共創されるかどうかを判断するのは顧客である。企業のマーケティングの立場からすると，価値共創マーケティングには市場創造と価値共創の一翼を担う直接的な相互作用が含まれる。企業と顧客の価値共創という行為は企業の視点から，4Cアプローチから成る価値共創マーケティングに包含される（図表8-1参照）。顧客接点は，消費プロセスへの招待券を獲得する，いわゆる市場創造と価値共創プロセス（4Cアプローチ）の起点といった2つの役割を担っている。

また，価値共創マーケティングは伝統的マーケティングとは根本的な相違点がある。すなわち，価値共創マーケティングのすべては顧客の消費プロセス，価値創造を起点にすることである。それ故，マニュアル化されたサービスを顧客に提供する伝統的なサービス業は，生産と消費が同時進行するプロセスで顧客と直接的な相互作用をするとしても，価値共創マーケティングを展開しているとは言えない。これらの伝統的な企業にとって，価値共創型企業に転換する第一歩は，顧客の価値創造を起点に事業ないし企業システムを再構築ことである。この上で，前述した価値共創マーケティングの展開が期待できる。

第4節 おわりに

1. 結論とインプリケーション

本章では，顧客接点を通じた価値共創マーケティングを解明するため，島村楽器を典型的な事例として取り上げて事例研究を行った。そこで明らかにされたことは以下の3点にまとめられる。

第1に，島村楽器は顧客のミュージックライフを消費プロセスとして定義し，そこに積極的にアプローチする価値共創マーケティングを展開している。

それぞれの接点の活用，さらに複数接点の相乗効果を通じて，顧客と価値共創を行っている。第2に，価値共創は現象ではなく，行為である。すでに顧客接点を持っている企業は，顧客の消費プロセス，価値創造を起点にすることは，顧客接点を価値共創の実現に結びつける前提である。第3に，企業の価値共創マーケティングは価値共創のための市場創造と行為としての価値共創を含む。行為としての価値共創は市場創造の目標と起点であり，価値共創マーケティングの本質を決定する。両者の関係は図表8-1のように整理される。

　本章の議論は，価値共創に実践的および理論的インプリケーションを与えている。実践的には，企業戦略として価値共創の重要性が高まっている中で，すでに顧客接点を持ち，価値共創型企業に転換しようとする伝統的な企業に，その必要条件と具体的な方法を示唆している。また，理論的には，企業と顧客の価値共創と企業の価値共創マーケティング両者の関係を明らかにしたことで，価値共創の理論の精緻化に貢献できると考えられる。

2. 課題と展望

　繰り返しになるが，価値共創が共創されたかどうか，どの文脈において共創されているかを判断するのは顧客である。価値共創研究においては，マーケティングの対象と参加者としての顧客に対する調査を加えることが必要である。顧客の視点から価値共創を認識することは企業のマーケティングに補足的な知見が与えられる。一方で，価値共創の主役である顧客の文脈は多様であり，調査を展開する方法論の検討が課題として残されている。

　　　　　　　　　　　　　　　　　　　　　　　　　　　　（張　　　婧）

第9章

通販型保険に見る価値共創プロセスと相互作用
―アメリカン・ホーム・ダイレクトの事例から―

第1節 はじめに

1. 本研究の背景と目的

　本章は事例の分析を通して価値共創プロセスとそのマーケティング行為を解明することを目的とする。競争環境が激しくなる中，マーケティングは，かつてのプロダクトアウト志向から消費者主体へと，その重心が移るとともに企業と顧客間の価値共創の重要性に焦点が当てられるようになった。顧客の消費プロセスですべてを考え，行動することが企業に求められているのである。しかし，価値共創によって顧客側にどのような変化がもたらされ，それが企業側にどのようなインパクトをもたらし，どのような価値が創造されているか，また企業側にとって「顧客との価値共創」を目指した，その背景，動機あるいは取り巻く社会的構造や競争環境とは何かについては，いまだ充分に解明された先行研究はない。

よって本章では、顧客の消費プロセスで相互作用として展開される共創プロセスに焦点を当てる。価値共創を創り上げるに至った共創プロセスを詳細に解明することによって、実践に向けた明確な示唆を得ることが可能と考えるからである。加えて価値共創の拡がりをどのように捉えれば良いかに関しても試論を展開したいと考える。

2. 先行研究と分析フレームワーク

本章では、消費プロセスで行われる企業・顧客間の直接的な相互作用としての価値共創およびそのプロセス詳細の解明を試みる。フレームワークは、藤岡[2010]（図表9-1）を用い、企業と顧客間の直接的な相互作用を分析することとし、プロセス詳細については4Cアプローチ（contact, communication, co-creation, value-in-context）（村松[2015b] 145頁）に沿って分析を試みる。つまり、顧客との接点をもとに、どのように顧客との消費プロセスに入り込むのか、どのようなコミュニケーションが求められるのか、そこで行われる共創はどのようなメカニズムをもつのか、またその結果、どのような文脈価値が生成されるのかである。事例は1980年代の金融ビッグバンを背景にディレギュレーションが起こった保険市場において新しいビジネスモデルで競争優位を確立したアメリカン・ホーム・ダイレクトを取り上げる。同社は、日本市場に参入するにあたって、保険の通信販売というそれまで存在しなかったサービスに対するパーセプション（ものの見方）を変化させることによって顧客の理解、納

図表9-1　企業と顧客の関係

企業 ⇔ 顧客
顧客接点の場
情緒的相互作用

出所：藤岡[2010] 225頁をもとに筆者作成。

得を獲得し，顧客主導の保険選択自由度を確立した。また，業界初のマーケティングシステムのローンチを通して企業と顧客間の価値共創を創り上げ，結果，新しい市場の創造に繋げていった。顧客との接点が限られている通販型保険会社がどのように顧客接点の場を設け，フレームワークが示す情緒的相互作用を創り上げていったのかが分析の焦点となる。当事例は広報資料，文献資料をもとに時系列あるいは体系的にまとめることによって分析を行った。価値共創を創り上げる，その動機，社会的構造および価値共創のプロセスをフレームワークに従って分析を試みることで，企業側の意図，顧客との相互性および価値共創のメカニズムの詳細を解明する。

第2節　事例研究：アメリカン・ホーム・ダイレクト

1.　企業概要

　アメリカン・ホーム・ダイレクトは，90年以上の歴史を持ち，今や130カ国以上で展開する保険会社AIG（American International Group, Inc.）傘下の通販専業の損害保険会社であり，業界最大規模を誇る。AIGの日本への参入は1946年で，傘下のAIU保険会社を通して損害保険の販売を開始している。同傘下のアメリカン・ホーム・ダイレクトは1996年，日本で初めて自動車保険の通信販売の許可を取得し，1997年には通販でリスク細分型自動車保険を日本に導入することで市場参入を果たした。このビジネスモデルの草分けである。

2.　市場環境と経営課題

　1986年，英国での金融ビッグバンを背景に，保険を通信販売で販売する新しいビジネスモデルがアメリカ，イギリスで立ち上がった。彼らは，購買動機

を確保すべく，自由化を背景に営業費を抑えることで保険を安く提供した。同時に，顧客ターゲットを事故率の低い顧客層に絞ることによって利益を確保し，得られた利益をテレビを中心とした広告に大きく投下し認知度を上げていった。

日本でも1996年保険業法の改正，自動車保険通信販売の認可，1997年リスク細分型自動車保険の認可，2000年料金完全自由化と保険業界の自由化が次々に起こり，新しいビジネスの機会が生まれた。

1990年代にイギリス等の先進国では市場の10％以上を獲得する等，成功をおさめ始めていた。その成功を足がかりに，日本においても1990年代後半に，イギリスのロイヤルダイレクト，米国のアメリカン・ホーム・ダイレクトが市場参入し，それまでになかったサービスコンセプトを含んだ金融商品を通販で販売し始めた。年齢や居住地域，性別，使用目的などのリスク要因を細分化し，それぞれの事故の危険性を保険料に直接反映させるリスク細分型保険である。

この新しいビジネスモデルを伴った外資系企業の参入が日本の市場へ与えた衝撃は大きかった。全国販売店数は，この時期を境にして1996年の62万から2002年にはほぼ半減し，平均年間保険料も1997年の￥7,400から2002年の￥6,900へと急速に下がった。日経ビジネス（1998年7月6日）の記事には，「食うか食われるかの価格競争間近，62万代理店の8割以上が消滅危機」とあり，既存市場の危機感が伺われる。

だが，こうした保険の通信販売は，当たり前のように受け入れられていったというわけではない。当時，通信販売で販売されるものは下着などの安いコモディティーが中心であり，金融商品が通販で販売されることはなかった。日本の通信販売市場は，日本通信販売協会によると2000年には2兆3,900億円の市場規模に達したが，主な品目は衣料品が39.4％，家庭用品が21.2％，雑貨が23.1％であり，大半はコモディティーであった。このように，もし通信販売で購買して商品内容が自身の思っていたものと異なっても，諦めのつく製品，価格であることが通信販売で売られる商品カテゴリーとされていた。リスクの高い製品は直接，目で見て購買するというのが，それまでの常識であった。顧客

心理としても，保険というものは，もし，なにか事故があった時にきちんと対応してくれることが保険の意味あいであり，それを担保できる方法で契約したいと考えていたのである。それまでの保険の販売チャネルは，人を介した密接な顧客との信頼関係の上に成り立つ販売モデルであり，顧客層もマスマーケットを対象としていた。金融商品自体も大きな差別性はなく，自社の商品特性を明確に打ち出すことは困難であった。

さらには外資に対する不安もあった。日本からもし撤退したら自分の契約した保険はいったいどうなるのか，対応のサービスレベルが実は低いのではないか，という強い疑念である。すなわち外資の通販型の保険会社にとって，当初，日本の市場機会は限定されていたのである。

3. サービスの知覚プロセスおよび顧客との相互作用による価値共創プロセス

(1) Contact と Communication

通販型保険は，顧客にとっては安い価格が魅力である一方，様々な不安，疑念があり，それらが契約に至るまでの障壁となると考えられていた。よって，顧客との接点を確立するためには，顧客認識を転換し，信頼性を醸成するコミュニケーション活動が必要であった。そこでアメリカン・ホーム・ダイレクトは，海外での方法と同じように，年間投資額40億円から60億円をかけて教育のための広告展開を行い，市場における通販型保険カテゴリー認知と商品理解を促進することで顧客認識の転換に努めた。自動車会社の新車導入時に認知獲得のためにTVメディアに使われる投資額が平均約10億円程度と言われていることからしても，多大な額を投資したことになる。同社は，それまでの損害保険会社が対象としてきたすべての人をターゲットとするのではなく，デモグラフィック的には，通勤，通学には自動車を使用せず，土曜，日曜のみ使用する事故率の低い層をターゲットとすることによって利益率を確保した。イギリスのケースのように通販型保険カテゴリー認知が向上し，このモデルで販売される保険の市場シェアが次第に大きくなると，潜在顧客のパーセプションが，

「特殊な人向けの製品」から「私たち向けの製品」へと変化し始めた。日経金融新聞によると1998年8月における保険各社の純粋想起認知率は，1位に東京海上火災が27％，2位の安田海上火災が17％でアメリカン・ホーム・ダイレクトは15％と，トップ層と遜色のない高い認知率を獲得した。「誰でも知っている保険会社」という段階に達したのである。教育的コミュニケーションは，通販で金融商品を買うことに対する心理的障壁を取り除き，顧客との接点を創りやすくする役割を果たした。

　価値共創を実現するには，認知だけではなく企業と顧客間の信頼が不可欠である。リスク細分型保険という全く新しい保険の便益をどう伝えていくか，通信という販売チャネルの中でいかに信頼を獲得していくのか，という大きな2つのチャレンジを抱えていた。同社は，4つの対話的プロセス，①通販なので最大30％まで安くできる，②安いがフォローアップサービスレベルは充分，③保険の対象となる顧客条件，④業界初の専任制の導入や企業そのものの信頼性の醸成を通して潜在顧客の認識変換を試み，理解と納得，さらには共感を築こうとした。まず同社が通信販売で保険を販売していること，同じ保証内容で最大30％まで安くなることをコミュニケートした。ターゲットは任意保険に入っている保険の名義人，ほとんどの場合，世帯主の夫であった。だが，男性はたとえ保険金額が安くなっても，少しの安さにはあまり反応せず，契約の乗り換えを面倒だと思う人が多い。むしろ金額の差に敏感なのは，その妻（多くは主婦）である。妻や主婦の理解と共感を得れば，夫に対してインフルエンサーになりうる。そこで，主婦の一日の行動パターンに従って主に昼間，TVコマーシャルでリーチし，同社の保険は人件費，店舗コストがかからない分，安いが，他社に決して劣らないサービスクオリティをもつことを訴えた。市場の認知と理解が次第に上がってくると，次に必要になったのは，「あなたは正しい顧客かどうか」ということを市場に教育することであった。ターゲット顧客は事故率の点から29歳以下は狙わずに，30歳以上とし，また仕事で自動車を使う人ではなく週末にのみ自動車を運転する人とした。限定された条件に合う人のみを対象としているからこそ安い，というロジックを顧客に理解させ，ビジネスモデルに対して納得してもらうことが重要であった。ビジネスモデルと

ターゲット顧客についての理解が市場に浸透し始めると，最後に解決しなければならない課題である，企業としての信頼性の獲得に取り掛かることができるようになった。顧客は，「なぜ，この保険が安く提供できるのか」，そのメカニズムやサービスクオリティを理解したとしても，提供者である企業の信頼性がなければ，特に保険のような商材の場合，購買には至りにくい。外資系企業であること，通信販売であることから，既存の国内勢に比べれば信頼性の点で見劣りし，それが理由で既存の保険からのブランドスイッチが進まない顧客層が多く存在していたのである。

(2) Co-Creation と Value-in-Context（企業・顧客間の相互作用，価値共創プロセスと文脈価値）

　同社は，リスク細分型保険という商品の仕様そのものが，一人一人の顧客にきめ細かく対応する方法になじむと考えた。潜在顧客はコールセンターに電話をかけてくる。この際，自身が当保険の対象者かどうか，過去の事故歴，自身の年間自動車走行距離，リスク細分型保険レートを適応するといったいどれぐらい安くなるのかなどを確認する。また自身のニーズや住居エリアの事故時のサービス体制等，疑問点，不安な点を確認したり，安くなった分，ニーズに合わせて特約サービスを紹介してもらって，選択，追加するなどのプロセスが企業と顧客間の直接の関係性の始点となる。同社は契約を完了した顧客に対し，付加価値を創造する新たなる接点を設けることによって継続的な価値提案を行っていった。その接点とは，業界で初めて採用された，事故時のすべてのプロセスを担当する専任の担当制である。事故は多くの人にとって初めての出来事であり，予期することなく突然降りかかってくるものである。もし事故が起こった場合，顧客は怒り，止め処のない当惑，不安に襲われる。当面の事故対処から，相手とのやり取りを含め，プロセスも分からず，つかみどころのない不安に陥るものである。

　業界で初めて同社によって採用された専任制は，事故直後にすべき事柄から，後日における事故の相手側との折衝，自動車修理見積もりと修理手配，台車手配，保険金支払い等をすべて一人の担当者が責任をもって行う。顧客の要

望に応じてカスタマイズされた最適なソリューションやサービスが専任制によって提案される。専任制は顧客が価値を抽出するプロセスの重要な接点として設けられたのである。それまでは、それぞれ別の担当者がそれぞれの分野を担当していたので、保険会社側から細切れに情報、サービスが提供されるに留まっていた。また連絡を取るたびに毎回担当者が異なり、対応する度に違う相手に同じことを何度も伝えなければならないという不都合も抱えていた。顧客は不安と、時に担当者間の情報のコミュニケーションの悪さに不満を覚えながらも、これがその当時に期待出来うるサービスレベルであった。同社の専任担当制は、顧客の状況とニーズを360度把握し、顧客との直接の密なコミュニケーションを通して、何ものにも替えられない安心を提供した。顧客ロイヤルティの醸成には、このような情緒的相互作用が重要となる。同社との直接のコミュニケーションという視点では、もし、顧客に何かあれば、24時間いつでも相談することができる「事故受付24時間」を始めたのも同社が日本市場で初めてである。事故時の顧客の安心を担保するサービスである。専任担当者制度では、日本全国の顧客ニーズの傾向・変化やソリューションが常に担当者間でシ

図表9-2 専任担当者を介した価値共創

［顧客の要望に応じた最適なソリューションやサービス提供を通して、顧客との相互作用と共創の深化を実現］

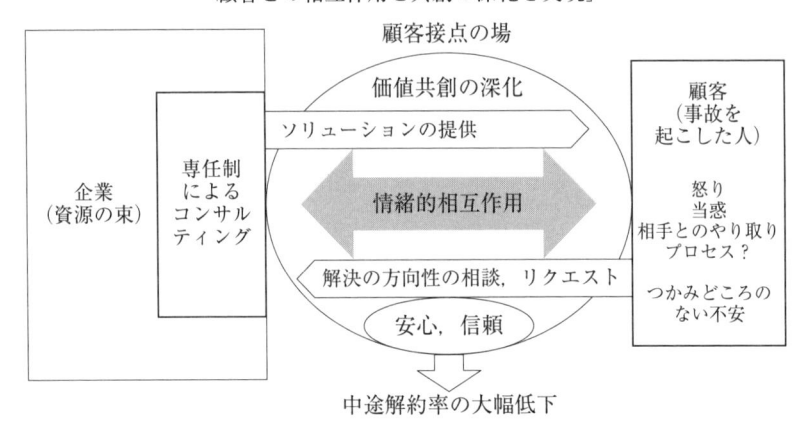

出所：藤岡 [2010] 225頁をもとに筆者作成。

ェアされベストプラクティスが提供できるよう訓練されている。常に顧客との交流を通して顧客のための改善が行われているのである（図表9-2）。専任制の成果については，導入当時の企業発表は見当たらないが，リーマンショック後の再編成されたアメリカン・ホーム保険においても顧客一人一人に担当者を付ける専任制を導入したことで，コールセンターにかかってくる一本あたりの保険契約率が向上し，中途解約率は大幅に低下したとしている[1]。また，後述する通り，専任制の提供についてはその後の広告コミュニケーションの柱の1つとして位置づけられ，さらなる顧客獲得に一役買うことになった。こうした広告コミュニケーションの変化もまた，専任制の効果の高さを例証していると言える。

　専任制は，つまるところ事故を起こした人のみに対するサービスではあるが，保険契約を取り交わしたすべての顧客にも同様の価値が感じられるからこそ，中途解約率の大幅な低下につながっているのである。また，専任制は通販型保険は顔が見えなくて不安という顧客に対するソリューションとなっている。顧客は，契約を完了した後においても，TVCMのメッセージを見るたびに自身の選択が正しかったことを確認し，賢い消費選択を行ったことに改めて満足するのである[2]。

第3節　考　察

　当事例の価値共創は，ディレギュレーション以前の時代とは異なり，それぞれの人のニーズにあったものが選べ，自身に最適で最も価値のあるものが選択できる，また「事故時には，専任制による手厚い顧客起点のサービスをいつでも受けられる」というように顧客の認識転換をも伴ったものになっていることがわかる。そして事故を起こした人との間の本来の価値共創の場，つまり企業と顧客間のジョイント領域を越えた領域にも拡がりをもつところに当企業の価値共創プロセスの特徴を見出せる。当然，事故を起こした人が専任制を通して経験が深まれば深まるほど価値共創も深化するので，その結果，解約率の大幅

な低下にもつながっているのである。「顧客がグッズを購入した後にグッズとの相互作用だけでなく，消費と生産プロセスの中に顧客が相互作用するすべての要素の顧客認知も含まれる。このように，顧客の知覚品質に影響を与えたり，顧客の価値創造を支援する企業—顧客間の相互作用のすべての内容がマーケティングの一部になる」(Grönroos [2006] p.328) のである。

　ここで改めてディレギュレーションが起こる前と後での市場構造および顧客にとっての価値の変化を見る。

《ディレギュレーション以前の企業・顧客関係》
　ディレギュレーション前は保険商品の差別性は少なく，保険会社が直接販売員を通して保険を販売する以外に，多くは保険代理店を通して販売するという同質化競争市場であった。保険会社にとって"顧客"とは，数万店の代理店のことであり，その代理店をいかに管理し売上を上げるかが彼らの意識するところであった。その先の真の顧客のことについては二次的な扱いであり，ほとんど顧客との接触はないため市場で何が起こっているか，情報も充分ではなく関心も高くはなかったのが実情であった。事故が起こった場合は代理店担当者が一次対処し，保険会社のそれぞれの担当者が事故処理の流れに沿って対応する。代理店の規模は中規模から個人商店的なものまで様々で，その担当者によって対処能力も大きく異なっている。その対処能力は，事故が起こってみないと分からないもので，顧客は契約時に比較検討する余地はなかった。保険会社は，事故後の差別性のない画一的なフォローアップサービスを商品に載せて代理店に販売するというのがそれまでの保険会社のビジネスであり，企業・顧客間関係は価値が企業から顧客に一方的に提供されるG-Dロジックの，それであった。

《ディレギュレーション後におけるアメリカン・ホーム・ダイレクトの企業・顧客関係》
　ディレギュレーション後，アメリカン・ホーム・ダイレクトは一人の人が事故時のすべてのサービスを担当する専任制を24時間事故受付対応とともに業

界で初めて採用した。専任の担当者はすべて一定の訓練を受け，どの担当者になっても対処能力は高く，同一の対処能力をもつなどディレギュレーション以前と比べて事故時の対応体制の違いは明確であった。専任制を通した相互作用と戦略的意図は，価値共創の視点から以下のように読み取れる。専任制は，担当顧客のニーズを 360 度理解し，事故時の応急対処から事故の相手方との処理方法の方向性，日常の交通手段の確保（代車），自動車修理の方向性等，ある意味，トータルライフサポートのようなサービスを迅速に提供するものであり，顧客のニーズ，意向に基づいて顧客との直接の相互作用の中に価値が共創されるとともに顧客との情緒的な場を形成するプラットフォームとなっている。同社は，無店舗，通販でもって販売チャネルを低コスト化し，さらに顧客ターゲットを絞ることで利益率を上げる一方，顧客への差別化された付加価値サービスへ投資する戦略を取ったのである。フォローアップサービスを保険商品に載せて売るという G-D ロジックから顧客起点のマーケティングへの転換が見て取れる。専任制の戦略的意図は，事故時の心理的動揺，混乱，不安を抱える顧客に対して「安心」「信頼」を与えることであり，単なる事故処理プロセスの効率化を目指したのではなく，同社による戦略的差別化であったのである[3]。この結果，途中解約がほぼ無くなったことから，契約者の専任制度に対する信頼の高さと評価，つまり企業と顧客の関係性の深化が窺える。「安心」「信頼」はもともと保険ビジネスの神髄であり，これを支える「装置」を通して顧客との価値共創を創り上げていったのであり，業界で初めて顧客に価値付けされて初めて価値をもつサービスを行ったことになる。

　次に価値共創の範囲について考察する。保険の場合，顧客との直接対話が行われるのは，保険という性格上，実質的には自動車保険の場合は事故に遭った人との接点に限定される。しかし，自動車保険において「購買後の使用」とは事故を起こした人のみが価値共創を行うのであろうか。保険においての「購買」は契約時点である。契約の時点より「経験」は始まり，保険の「消費プロセス」が開始されているのである。したがって，保険の場合の使用とは，自動車保険の契約後に事故を実際起こした人のみならず，契約した顧客すべてに適応されるものと考えても良いであろう。

この価値共創の内容の一部は，契約前のコミュニケーション段階にも刷り込まれている。事故を起こした顧客が享受する価値の一端を，保険契約する前段階のテスティモニアルでコミュニケート（事故にあって大変な思いをしている時に親身にサポートをしてくれた，対応も親切であった，便利であった，不愉快な思いをしなくてすんだ，専任制なので安心して対応方法を相談，提案して頂き，プロセスもスムーズに進んだ）している段階で，価値の疑似体験を可能としているのである。保険契約率の向上は，この影響によるものと考えられる。価値共創は企業・顧客間のコミュニケーションにより形成され，顧客は認知から商品理解，商品／専任制を含めたビジネスモデルへの納得の段階を経て確信をもって購買／契約に至る。そして事故時の専任制による手厚いコンサルティングサービスを受ける権利を獲得することになる。その価値こそがマーケティング行為主体者である企業との間の共創の始まりであり，事故を起こした人による共創をコアとして契約者全員，さらにはテスティモニアルにより当商品カテゴリーを認知するに至った潜在顧客すべてに価値の疑似体験を通して形成された共創が拡張されていると考えることが出来よう。もちろん事故を起こ

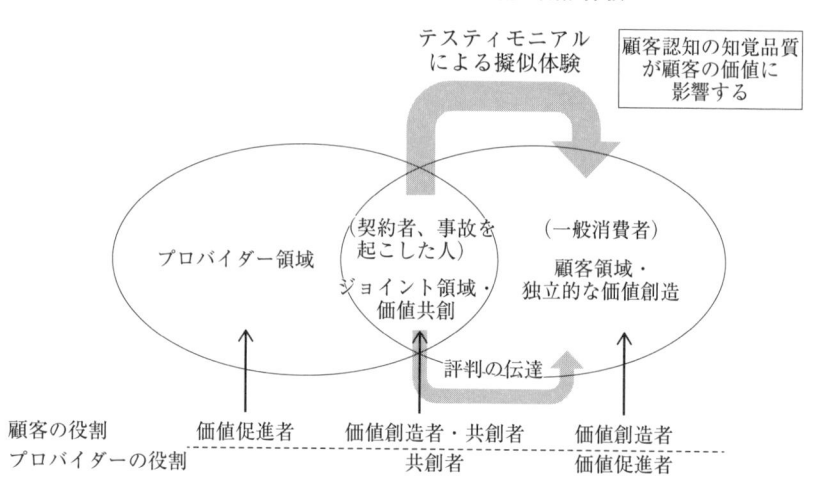

図表9-3　契約者による価値共創の擬似体験

出所：張[2015] 82頁をもとに筆者作成。

した人が，その経験と評判を他者に伝える行為もこの価値共創をサポートしている（図表9-3）。

第4節　おわりに

　価値共創を生み持続させるに至った当事例から推察されることは，まず，同社の市場参入に際し，「安い」だけでは獲得できる市場規模に限りがあるため，「安い」以上の何かが必要であり，故に顧客起点に立ってビジネスをデザインする必要性があったこと。このような環境の中，ディレギュレーションを機にビジネスモデルを転換し，投資の立ち位置も顧客にシフトさせ，顧客の視点に立った，顧客の感じ方，理解の仕方，共感の仕方に沿ったマーケティングを顧客セグメントごと，かつプロセスごとにこまめに行うことによって共創が可能となっていること。さらに自社の製品・ビジネスモデルの特徴を梃に共創の場を実現していることである。顧客の視点に立って市場性を見出そうとする強い企業姿勢がもともと備わっていたと言える。かつてのマーケティング手法にあるように顧客を固定的あるいは点で捉え，企業視点でサービスをデザインするのではなく，相互作用の中で常に変化していく対象として顧客をダイナミックに捉え，顧客起点で価値共創を実現していくことが重要であると言える。さらに，当ケースでは，コミュニケーションにより，ジョイント領域を越えた顧客層にも価値を疑似体験することで共創領域を拡大でき，結果的にジョイント領域の顧客維持率のみならず，その領域を越えた契約者全体の顧客維持率，さらには新規契約率にもポジティブな影響を与えていると推察できることが分かった。共創領域の範囲についても，今後，さらなる研究が望まれるところである。

　本章では，市場参入に際し大きな課題を抱え，それを打開するために，それまでとは異なるマーケティングアプローチを取り，顧客との価値共創の実現を通して市場における自社のポジションを獲得したアメリカン・ホーム・ダイレクトの事例において，そのマーケティング行為，プロセスを詳細に見ることに

よって共創の一端を解明できたと考える。一方,価値共創は企業のマーケティング行為に対する顧客の態度変容やパーセプションを詳細に捉え,記述することによって,その因果連鎖を解明し,共創の深化がどのように進むのか等,共創の内容を具体的に捉え得ると考えるが,当研究では不十分な点も多い。また,社会的構造,経営環境が価値共創の内容やその深度にどのように影響を及ぼしているのかに関してもさらなる検証が必要と考える。それらについては,今後の研究課題としたい。

(注)
1) SankeiBizによるアメリカンホーム保険社長兼CEO橋谷氏へのインタビュー(2013年4月23日),月刊BOSSによる同氏へのインタビューでは中途解約率はほぼゼロに,保険契約率がそれまでの18%から36%に向上したとしている。
2) 石崎[1997] 90頁。Ehrlich, et al.[1957]による自動車広告に関する研究を引用し,新しく自動車を購入した人は,購入後もその車の広告を熱心に読んでいる。購入者たちは自分が買ったばかりの車の広告を読むことによって不協和の低減(不安の低減)を図っているとしている。
3) 『読売新聞』(1999年4月3日) 34頁広告記事からの分析。

(森 哲男)

第 10 章

「顧客目線」を起点とした文脈価値の可能性
―大垣共立銀行における価値共創へのマーケティング―

第1節 はじめに

1. 背景, 問題意識, 目的

　筆者には, 顧客参加・共創を旅行事業に取り込んだ「クラブツーリズム」の創業時 (1990年) の事業コンセプト開発に実務メンバーとして深く関わった経緯があり, それ以来, 顧客との価値共創をテーマとしたマーケティング実践を問題意識としている。近年, Vargo and Lusch [2004] が提唱した「サービス・ドミナント・ロジック」あるいは Grönroos [2006] の「サービス・ロジック」などを契機としてマーケティング研究でのパラダイムシフトを迫る探求が進みつつある。その研究の系譜から『価値共創とマーケティング論』(村松潤一編著, 同文舘出版, 2015年) が上梓され, 新しいマーケティング研究の視点が提示された。本章の目的は, こうした研究を照応しつつ, 顧客目線からのユニークな実践を展開する大垣共立銀行を事例にマーケティング実践の可能性を探求することにある。

2. 先行研究と分析視点

　本章は，村松 [2015b] の示す新しいマーケティングの研究課題のうち，「顧客の消費プロセスで行うマーケティング」を分析の視点として検討する。今までの企業の生産プロセスでの交換価値の造成を目指すマーケティングに対して，そこで提唱されている新しいマーケティングは，顧客の消費プロセスで文脈価値の共創を目指したものであり，それは顧客の消費プロセスで行われる企業と顧客の直接的な相互作用に基づく展開として規定されている。また村松は，顧客の消費プロセスで行うマーケティングを，①既存のモノを伴っての価値創造が行われる場合，②企業と顧客が共同で購入あるいは開発・生産したモノを用いる場合（共同関与）の2つに大別している（村松 [2015b] 144 頁）が，サービス交換による価値共創が行われる中で，モノへの共同関与が行われると留意も促している。本章が扱う大垣共立銀行は，サービス交換が中心であり，モノの介在は極めて付随的に行われる業態である。それゆえ利用プロセスでは ATM の利用1つとっても顧客との共同関与が求められてくる。しかし，銀行業の主要業務である預金，融資，為替業務それぞれが制度的に定められたルールで運営され，利用者は，そのルールに一方的に従わざるを得ないため，利用にあたっては共創への動機は誘発されにくい。したがって，本稿が事例分析する視点として着目するのは，「①顧客との共同関与が求められるものの，②顧客の利用プロセスでは共同関与が形成されにくい」というディレンマの中でどのように価値共創が展開されたかである。また同時に村松 [2015b] は，この価値共創でのマーケティングでのアプローチとして，接点（contact）に始まり，コミュニケーション（communication）から，共創（co-creation）へのメカニズム，さらに文脈価値（value-in-context）の形成という 4C アプローチをあげているが，こうしたアプローチの様相も，上記のような制約を前提に視野にとり含んでいく。

第 2 節　事例研究

1. 事例研究＝大垣共立銀行の概要

　銀行は金融サービス業であるが，規制管理下の因習が残り，十分な顧客中心のサービス価値が実現されていないという指摘は多い。自らも銀行勤務の経験があり「顧客中心の変革」を唱える戸谷はそうした障害について，銀行での変革を阻む障害を生み出す要因として，①顧客理解の不十分さと誤りの事実を修正できない体質，②規制下にあった金融業界ならでは「できない理由」から考える習慣，③ヒト資源の不在，④顧客の金融機関に対する「あきらめ」を指摘している（戸谷[2007] 5 頁）。

　こうしたお役所的と評される銀行の慣習に，大垣共立銀行は「自分たちは，銀行業ではなくサービス業である」と自己規定し，挑んできた。そこでの姿勢として注目されるのは，①「顧客目線」を原則として土屋 嶢(たかし)頭取自らが日本で最初の施策を次々と打ち出し，②それを「銀行員にはなるな」というメッセージのもと銀行の枠を越える改革として連携させ，③他行にない多くのイノベーションをもたらした展開にある。

　現在，大垣共立銀行は第三者機関から高い評価を得ている。ダイヤモンド社「顧客満足度調査：つきあいたい銀行ランク」において第 1 位を獲得（2005 年）。また，中部圏の就職希望ランク 2 位，日経第 11 回金融機関ランキングでは 4 位（2015 年 9 月），2009 年には，経済産業省より「ハイサービス日本 300 選」を受賞している。しかし，特に注目されるのは個人客での業績の伸びである。法人顧客に対して個人顧客では，口座開設や預金額は個々人の銀行への評価や満足度に依存するため，顧客からの評価は業績に大きく反映されるからである。この点で，個人客のベースでの業績は年々伸張し続け，2013 年では預金者数，預金額は，173 万人，3 兆 24 億円。預金，貸出残高は過去最高となっ

ている（図表10-1）。土屋頭取は，なぜ，次々と新しいサービスが出てくるのかというインタビューに対して，「以前は，何かやろうと言っても『難しい』『理解できない』という反応が多かった。それが，1つ挑戦するごとに顧客から『面白いですね』という反応が返ってきて，次はこれをやろうという好循環ができている」と，顧客との相互作用を成功要因として指摘している[1]。以下，この土屋の発言にある顧客との好循環を生みだす構造を意識しながら，時系列をベースとして展開事例を辿っていく。

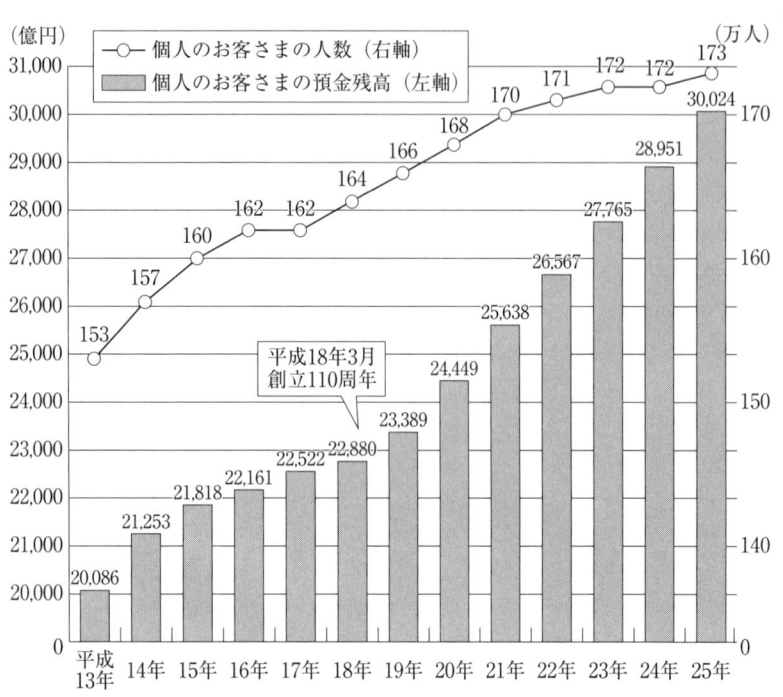

図表10-1　大垣共立銀行の個人顧客数と預金残高

年度（平成）	預金残高（億円）	顧客数（万人）
13年	20,086	153
14年	21,253	157
15年	21,818	160
16年	22,161	162
17年	22,522	162
18年	22,880	164
19年	23,389	166
20年	24,449	168
21年	25,638	170
22年	26,567	171
23年	27,765	172
24年	28,951	172
25年	30,024	173

平成18年3月 創立110周年

＊各年度3月末時点。
注：単位未満切り捨て
出所：大垣共立銀行HPより。

2. 変革への起点

そもそも大垣共立銀行の顧客との好循環は，どのように生み出されたのだろうか。土屋の祖父，父も大垣共立銀行の頭取を歴任し，特に父は新聞記者から銀行員に転じ，17階建ての本社の建設を大蔵省（当時）に反対されながらも押し通した「反骨精神」の持ち主である。また土屋自身も若い時にはマスコミを志望し，富士銀行（現，みずほ銀行）にも籍をおいた経歴を持つ。この意味で，土屋には，銀行業の変革の必要性を感受し，情報を介して柔軟な外部の目線をもつ個人的な資質があったと言える。その土屋頭取就任時，1993年にこれからの銀行業に必要なことを行員に問うと，意外な事に「銀行名を変えてほしい」という声が多かった。知名度が低いため顧客の開拓ができないというのである。「銀行名をそう簡単に変える訳にはいかない」と考えた土屋は「知名度向上のために全国で注目されるサービスをどんどん打ち出す」ことを決めた。自行への注目を集めることは情報発信の起点となると同時に，サービス業として変革を目指す大垣共立銀行での経営の伏線ともなっているのである。

3. ATMを介した「顧客接点」の拡張・利用内容の多様化

土屋頭取の就任（1993年）前後から大垣共立銀行の展開で注目を集めたのは，自行のアクセシビリティを拡張するためのATMへの積極的な介入である。通常，アクセシビリティは，従業員の対応，申し込みの方法や手続きの簡便化などサービスを利用しやすくする展開を示す。しかし，地方銀行というエリア制約，規制管理化での選択できる施策も限られ，大垣共立銀行は一貫してATMを介して「顧客接点」を拡張し，①時間的，②空間的，③内容的にそれらは重なり合って展開されていった。

まず①利用時間の顧客接点の拡張として，1990年ATM稼働時間を延長し，日曜祝祭日のキャッシュコーナーの営業「サンディ・バンキング」を全国普通銀行で初めて導入した。土屋の頭取就任後の1994年，このキャッシュコーナ

ーは「365日年中無休活動」に拡がる。ところが全国の地銀のトップの集まりで、サービスの過当競争を嫌う競合他行から非難を浴びる[2]。土屋は落胆するも、日曜日に高齢の女性がATMを操作する光景を目撃し、利用者視点の大切さをむしろ確信する。2000年にはキャッシュコーナー「24時間稼働の実施」に踏み切り、「365日24時間」というフルタイムでのサービスを完成させるのである。

次にATMは②利用場所へと顧客接点での拡張を果たしていく。2000年、基盤とする岐阜県南部から県北部の飛騨地区へ、過疎地を巡業営業する移動店

図表10-2　ATMを介した顧客接点の拡張

年	事　柄
1990	・ATM稼働時間を延長し、日曜祝祭日のキャッシュコーナーの営業するサンディ・バイキングを全国普通銀行で初めて導入する。
1994	・キャッシュコーナーは365日年中無休活動を展開する。 ・競合他行から非難を浴びる。 →土屋は落胆するも、日曜日に高齢の女性がATMを操作する光景を目撃し、利用者視点の大切さを確信する。
2000	・24時間稼働の実施に踏み切り、365日24時間のフルタイムでサービスを完成させる。
2000	・岐阜県南部から県北部の飛騨地区へサービスを拡張し、過疎地を巡業営業する稼働店舗「ひだ1号」を運行する。
2000	・「ドライブスルーATM」を設置し、車に乗ったまま利用できる用途拡張と組み合わせたサービスを展開。
2005	・サンクスやサークルKと連携したコンビニATMを岐阜・愛知県でゼロバンク（手数料無料）として展開する。 →同行の顧客接点は一気に拡大する。
2005	・ATMスロットゲームのサービスを開始する。 →同行ATMの利用内容を拡大する。
2006	・ATMの一日の支払い限度額の自由設定サービスを開始する。
2007	・スポンサーの負担による時間外手数料が無料になる「CM付きATM」を導入する。
2013	・Web-ATMの対応を進める。
2014	・スマホが通帳になる専用アプリを開発する。 →この取り組みは、全国の金融機関で初となったほか、顧客側の端末へ移行して、顧客接点を拡張・拡充し続けている。

出所：筆者作成。

舗「ひだ 1 号」を運行する。同年，ドライブスルー ATM を設置し，車に乗ったまま利用できる利用接点を展開。そして 2005 年には「サンクス」や「サークル K」と連携したコンビニ ATM を岐阜・愛知県でゼロバンク（手数料無料）として展開，顧客接点は一気に拡大するのである。

　さらに ATM は③利用内容として顧客接点を拡張する。2005 年，ATM スロットゲームのサービス開始。2006 年，ATM の一日の支払い限度額の自由設定。2007 年，スポンサーの負担による時間外手数料が無料になる CM 付き ATM の導入。以降，契約者専用の ATM コーナー，宝くじの購入などユニークな利用形態を次々と開発するのである。直近では，2013 年には Web-ATM を導入，2014 年にはスマホが通帳になる専用アプリの開発（全国の金融機関で初）等，顧客側の「端末」へ顧客接点を移行して，拡張・拡充し続けている。これらの施策は，ほとんどが日本の金融機関で初の試みであり，重要な点は，ICT（Information & Communications Technology）による WEB を取り込んだ顧客接点では業界でも先駆けであり，結果として，アクセスビリティの可能性では地銀という制約を受けない全国，あるいは世界規模の拡張性を確保したといえる点である（図表 10-2）。

4．顧客との関係構築①：「サンクスポイント・プレゼント」制度の導入

　この顧客接点の拡張の一方で，1996 年創立 100 周年を記念し，顧客との関係性向上を目的とした「サンクスポイント・プレゼント」が導入される。これは，今日では航空会社のマイレージサービスなどに広く見られるポイント・サービスであるが，他行にない特徴として①通常のポイント制は，利用頻度や取引規模のステージに応じて対象者を絞り，手数料無料，金利優遇などの利益誘導をするが，「サンクスポイント・プレゼント」は長年の顧客への感謝として総合口座を開いた顧客全員が対象となっていた。②また，総付け景品での景品法の法的規制の難題を解決したことで，利用額や取引状況によってポイントが毎月累積し，定期預金，住宅ローン，給料，取引項目，残高によるポイントなど毎回貯まっていく仕組みであり，③さらに，貯めたポイントを定期金利の優

遇から日本一周のクルーズまで様々な特典と引き換えができ，プレゼントへの期待がもたらされる，という特徴があった。この制度は，2002年には「スーパーゴールド総合口座」などに集約体系化されるが，どの顧客にとってもプレゼント体験を通じて，気持ちの通い合いを介して銀行に身近な好意がもたらされるきっかけを提供している。

5. 顧客との関係構築②：店舗展開でのサービス拠点化

また，店舗展開でも関係性重視へと基軸がシフトする。年中無休の窓口営業「エブリディプラザ岐阜出張所」開設（1998年）など，単なる接点拡張の展開だけでなく，サービスの手続きの理解，日常生活の便宜やサポートを目指し，顧客に開かれたサービス拠点として店舗が開発される。2009年コンビニ型店舗「コンビニプラザ半田」が開設され，2011年には，サービス発信地として名古屋駅の駅前に立地する名古屋ビルディングに拠点「OKBハーモニープラザ」が開設された。ここは，顧客が取引店に関係なく利用でき，10階の高層階ならではの開放感あるロビーラウンジを備え，ホテルに負けないおもてなしを目標として掲げている[3]。この展開では地域に合わせてコンビニプラザ，ハーモニープラザなどの顧客関係性への特徴を打ち出すとともに，異業種研修制度で実際にコンビニやホテルの業務を経験した人材が担い手となり，銀行の枠を越えた業務拡張を試みている。

6. 顧客を資源とした価値開発①：女性向けの商品開発を支える内部改革

こうした「顧客目線」での広がりは，商品開発へも連鎖する。規制管理下では通常の①預金業務，②融資業務でも利率以外での差別化がつきにくかった。その中でも金融商品は，1995年中日ドラゴンズの年間打率を利率に反映した「スーパー打率定期預金」が話題となり，さらに，金融の自由化とともに，2007年から女性向け金融商品として「離婚関連専用ローン」「シングルマザー応援ローン」「キレイをかなえる女性専用ローン」「不妊治療関連ローン」「女

性向け資格取得・習い事」などが立て続けに開発されるのである。この背景には，働く女性が増え，女性が商品選択や家計において決定権を握るケースも多くなったことがある。また女性は結婚や出産などのライフサイクルや，仕事の有無によりニーズが多様化し，それによって価値観も大きく異なるため，それぞれ女性の顧客目線で商品開発する必要性が高まっていた[4]。しかし，これまで離婚経験者や，シングルマザーなどは，優先されにくいローン対象であり，「手軽に離婚を促してしまう」という非難さえ上がったという[5]。こうした批判に対し，行内では内部改革を下支えとして試行錯誤が展開されていく。2006年「21世紀なでしこCollege」を開講。女性行員の一般職への登用を推進する内部改革とともに，2008年女性向けのクラブ会員化に向けた「L'sプロジェクト」が結成され，女性向けへの商品開発が推進される。その活動は，ピンクリボンへの協賛，食や子育てに関するの生活相談セミナーなど直接的な取引を越えて生活支援へと広がる。融資の利用から生活支援まで視点を広げることで，借入金が必要な理由だけではなく，その条件や返済までの顧客自身のライフプランへのサポートなどお客様を深く理解する契機ともなっていく。実際，この展開は，業務を顧客に優しくわかりやすくする社内活動として拡がり，2014年には，経済産業省「ダイバーシティ経営企業100選」，日本生産性本部での「ワークライフバランス大賞」にも選出されるのである。

7. 顧客を資源とした価値開発②：手のひら認証「ピピット」

　さらに顧客との関係で際立った展開は，通帳・カード不用の認証システムである。通常ATMを操作するためには，銀行カードが提供される。これを不要にし，顧客自身を認証資源とした開発が，2012年①日本初の認証システム「手のひら認証―ピピット」②顔認証貸金庫の開発である。このきっかけは，東日本大震災での被災地支援であった。災害時に備えて開発していた「レスキュー号」の派遣を被災地の金融機関に打診したが，多くの人が津波でカード・通帳類を流され，現金が下ろせなくなっていた。しかも，それらを取りに家に戻ったために数多くの人が落命したことが判明し，身体1つでATMからお

金を下ろせる仕組みが検討される。認証スピード（1秒以内），認証制度，セキュリティの確保など多くの課題を富士通，沖電気工業とともに開発した「手のひら」での生体（静脈）認証技術によって可能とし，それは世界でも最先端の取組みとして導入された。現在「手のひら定期」では大規模な地震が発生した場合，定期預金が自動的に普通預金に切り替わり解約金が入金され，それでも定期預金の金利が保証される。平時は定期預金として運用，災害発生時にはすぐに生活資金になる仕組みなのである。2015年6月では，預金者の2割に該当する30万人が利用しており，将来はマイナンバー制と連動させるという[6]。カードや通帳を不要とするだけではなく，非常災害時での資金利用への備えなど，顧客の利用プロセスでの緊急局面で柔軟に切り替えられるように潜在的な選択を用意しているのである。

8. 社会（地域）レベルでの顧客参加への展開

　こうした生活局面へと接点が拡張する中で，最近の注目すべき展開は社会的なレベルへの広がりであり，顧客との間に「取引」にこだわらない独自の活動で，銀行の枠を越えた活動を広げつつある点である。土屋頭取の発案で，2013年には大垣共立銀行の社内公募で選ばれた45人の女性行員からなるグループ「OKB45」を結成。イメージキャラクターOKB3と合わせて，今人気のアイドルグループ「AKB48」をなぞって「OKB48」と称し，地域活性化のイベントやマラソン大会に参加し，地元を盛り上げている。もはや銀行業務にとどまらずCSR活動と一体化し，接点を社会的に拡張しているのである。同時に銀行本店に隣接する商店街を「OKBストリート」（大垣駅前商店街）として命名し，OKB工房，OKBスタジオ，OKBギャラリーおおがきなどを設立し，地元の商店街の支援を積極的に展開している。OKBストリートの商店では，手のひら決済導入が検討され，実現すれば商店街はそれごと生体認証のショールームになる展開という。さらに，別の展開としてテレビCMでもユニークな顧客参加を始めている。公開オーディション「OKBダンスコンテスト」として銀行のCMに出演するダンスチームを保育園・幼稚園，小中高の児童，生

徒，学生を対象として一般から公募し，その優勝チームなどを主役としてCMに出演させているのである。2012年度から中学校の保健体育においてダンスが必修科目となり，義務教育世代のダンスに対する関心の高まりを受けて，仲間や家族でダンスの楽しさや喜びを分かち合い，絆を深める機会を「CM出演チャンス」という形で提供することを目指しているという[7]。あくまでも地域に根付きながら，自行の存在を社会的活動への広がりとともに捉え，「取引」を超え顧客接点を拡大するとともに事業活動を拡張しているのである。

　以上，様々な活動だけを追っていくと個別の蛇行展開として見られてしまうかもしれない。しかし中期的な時系列として図表化すると，下記のように消費プロセスに寄り添う価値共創は，①顧客の接点レベル，②顧客の生活レベル，③顧客の価値レベル，④顧客の社会レベルと4つの段階を積み重ね，はっきりとサービス業への展開を反映した輪郭が見て取れるのである。村松が指摘する4Cアプローチは，事業展開をリードする視座として捉え直すと一連の各事業レベルの特徴は①接点の量的な拡大，②コミュニケーションの活性化，③共創

図表10-3　大垣共立銀行での顧客の消費プロセスでのマーケティング展開

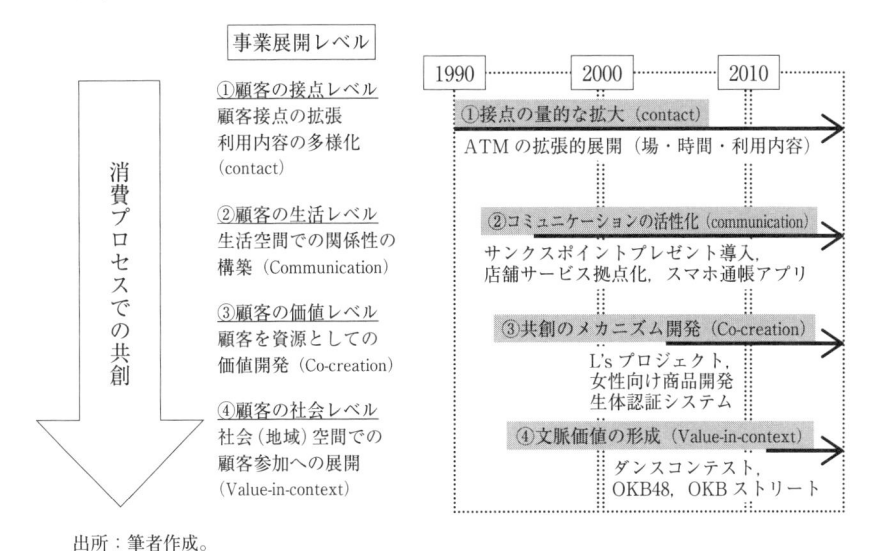

消費プロセスでの共創

事業展開レベル

①顧客の接点レベル
顧客接点の拡張
利用内容の多様化
（contact）

②顧客の生活レベル
生活空間での関係性の構築（Communication）

③顧客の価値レベル
顧客を資源としての
価値開発（Co-creation）

④顧客の社会レベル
社会（地域）空間での
顧客参加への展開
（Value-in-context）

1990　2000　2010

①接点の量的な拡大（contact）
ATMの拡張的展開（場・時間・利用内容）

②コミュニケーションの活性化（communication）
サンクスポイントプレゼント導入，
店舗サービス拠点化，スマホ通帳アプリ

③共創のメカニズム開発（Co-creation）
L'sプロジェクト，
女性向け商品開発
生体認証システム

④文脈価値の形成（Value-in-context）
ダンスコンテスト，
OKB48，OKBストリート

出所：筆者作成。

のメカニズム開発，④文脈価値の形成，と順を追ってはっきり際立ってくる（図表10-3）。

第3節　考　察
―顧客の消費プロセスでのマーケティング展開―

　銀行では顧客との共同関与が必要であるものの，利用プロセスでは一方的な制約も多く，共同関与への動機が削れていく。その中で大垣共立銀行のマーケティングは，顧客の利用プロセスに寄り添い，顧客側に価値を発生させるための提供能力を拡張・拡充し，単なるその場の利用を越えて前述の4つのレベルを包括する「顧客の消費プロセス」として広がり，顧客との相互作用での好循環を創発していった。そこでは，以下3つの特徴が指摘できる。

　第1の特徴は，一貫した「使用価値（value-in-use）」への探求が融合的に結びついてマーケティングの基軸が形成されている点である。大垣共立銀行では，「顧客目線」で利用プロセスを理解し，使用価値を積極サポートできる提供能力の実現を展開の基軸としている。一般的に銀行では，競合他行よりも自行の口座・融資を顧客に優先選択させることが競争力とされる。そのため多くの銀行は取引の発生＝口座開設や融資申込に誘導することが目標とされ，不特定多数のターゲットに向けて何かしらの優位性を説得することにマーケティングの焦点は向けられる。それは「交換価値（value-in-exchange）」を前提にし，企業が提供する価値を取引するだけの発想といえる。しかし，大垣共立銀行でのマーケティングの焦点は，顧客の利用プロセスでの価値を生み出すことであり，それは女性行員たちの生活支援，非常災害時での生活資金化など，拡大された消費プロセスでの顧客との価値共創を生みだす試みとなっていく。そこではより顧客満足度の高い成果に向けて，自社資源だけではなく，顧客（生体認証の仕組みなど）や他社（コンビニや非常時の他行との連携，地域活性化）など自社以外の要因を資源として動員しながら「文脈価値（value-in-context）」を構成していくのである。その意味で，大垣共立銀行が目指すのは，口座や融資

の提供役にとどまるのではなく，様々な資源が動員される消費プロセスでの「価値創造（value creation）」のサポート役へと自己拡張することであり，顧客が価値を生み出すためのサポートは，取引を越え，社会（地域）レベルで試みられていくのである。「顧客目線」という土屋頭取の方針は，何よりもこうした探求を羅針盤として方向付けていると考えられる。

　第2の特徴は，利用プロセスから発想して提供価値を共創的に高めていくインターナルな動きである。具体的には，ソリューション能力の開発が異業種研修制度や女性登用など内部改革と連携して，顧客とのインタ－ラクションを現場で捉え，自ら考え動く独自文化が形成されていくことである。実際，銀行のサービスでの相互作用は，多種多様な接触によって生まれている。店舗窓口でのやり取りはもちろん，カード，案内文書の配達，サービスコール，店頭での情報接触，従業員の対応，また，インターフェイスも個人と個人（店頭窓口），個人と機械（ATM），個人と他業者（コンビニ店舗）など多様であり，そこでは自社以外の提供プロセスも一連の流れとして認識されていく。また，顧客側では，家庭の事情や縁者などの都合で資金が求められるなど，自分以外のコントロールできない要因，また銀行側での多セクションからの承認など様々な要因が相互作用に影響し，こうした動きは，その全貌をコントロールすることは極めて難しいと言える。したがって価値共創を可能とするためには，銀行業を越えて「サービス業」として顧客の生活支援や地域社会との関係で深く理解し，サービス価値への発想や知見から遂行能力を高めていく必要がある。そこで求められるのは，ミスが許されない銀行ではなく，トライ＆エラーを怖れず考えて動くサービス業の企業姿勢といえるのではないだろうか。この姿勢によって一連の女性向けの商品開発や「手のひら定期」など，今までにない共創的な提供価値が試みられているとも言える。この点で「銀行という枠にはまらない，ほかの業種とも競合できる企業体を作る」[8]という土屋頭取の宣言は，顧客との価値共創からの変革の母体となっていると考えられるのである。

　第3の特徴は，大垣共立銀行の展開は，取引にこだわらず社会的関係を取り含んで事業価値が構成されている点である。そこでは，情報コンテンツを介して顧客とのストーリー共有を可能とし，顧客参加を生み出す密度の高い「文脈

価値」の形成が見てとれる。すなわち、地域社会などのコミュニティ要素を取り込んだ関係を感じるからこそ利用プロセスは、女性支援、生活支援などの顧客にとっての拡張的な「消費プロセス」に無理なく重ねられ、幅広い共同関与を形成すると考えられる。言うまでもなく、価値の受け取りはそこに顧客と共有して流れる「文脈」次第で大きく価値が上下に変動する。この意味で注目されるのは、意図的に情報コンテンツがリード役となり、実際に体験していなくてもそれを介して心理的に経験が共有され、共通のエピソードとして顧客との相互作用に埋め込まれるメカニズムである。頭取の積極的なマス・メディアでの発言、ATMでのゲーム、サンクス・ポイント、OKB48のような女性銀行員によるアイドルグループ的な活動、ダンスユニットによるCMへの展開などが、マス・メディアや地元メディアでエピソード化され、情報コンテンツとして一連の企業活動のイメージとして顧客に織り込まれているように思われる。大垣共立銀行での「日本で初めての施策」は話題性があり、マス・メディアも報道などで取り上げやすく、それが口コミと重なって、大垣共立銀行の情報コンテンツは社会的に結び付く物語や行為を織り込み、強い共感性をもつ「文脈価値」が形成されているように思われるのである。

第4節　おわりに

　大垣共立銀行では、拡張的に顧客の消費プロセスに寄り添い、お客様を資源として動員し、顧客との「価値共創」のサポート役になることによって社会的レベルまでの「文脈価値」を形成し、顧客との好循環を生み出したと考えられる。ここでの社会的関係を巻き込む文脈形成は、さらに深く事例研究する必要があると思われるが、そこでの相互作用では常に「情報コンテンツ」のインパクトが重要な役割を果たしていることに注目したい。今まで見てきたように、銀行はATMなど日常的に接する場や融資などで接触が途切れてしまうと関係性は希薄化してしまう。大垣共立銀行ではCMでのダンスコンテストなどを始め、情報コンテンツから共有されるエピソードがそれを埋めて身近な生活

局面と心理的につながり，連続性をもつ持続的な関係を顧客にもたらしているのではないだろうか[9]。特に，今日ではWebを介して今までにはない生活局面を結びつけ，新しいつながりや一体感をもたらすコミュニケーション展開が可能であり，また顧客もソーシャル・メディアを介して身近なコミュニティ意識を生み出し，それによってAirbnbやUberなど価値共創による新しい事業展開が当たり前のように生まれている。その意味で，今後，共創（co-creation）は，ICTのイノベーションに大きくレバレッジされながら新しい「文脈価値」が生み出されると思われる。この意味から，大垣共立銀行にみられるような文脈共有への視点として「エンゲージメント」という概念に注目しておきたい。「エンゲージメント」は，絆・関係・参加などと表記され，今まで何度も注目され，今も，WEBでのコミュニケーションで着目される概念だが，確定された定義はない。しかし大垣共立銀行のように取り巻く文脈に働きかけ，企業や顧客からの行動を促すコミュニケーション展開とともに顧客のポジティブな態度や情緒性を引き出すメカニズムは，ブランドへのエンゲージメントとして再注目されていいのではないだろうか。この行動面と感情面を包括的に発生させる仕組みは，相互作用を顧客起点で動的にし，同時に強い顧客との絆・参加形成と相まって，新しい業態やサービスを生みだしていくブランドとしてのプラットフォームとして捉え直しが可能と思われる。大垣共立銀行が，「OKB」という略称をブランドネームとして様々な事業活動を括る試みも，このプラットフォームからあらたに事業を拡張する可能性を目指しての展開ではないだろうか。この意味で，今後は，ブランド化への視点も視野に入れて，価値共創の可能性を探求していきたいと考える。最後に，筆者の様々な質問に資料などで丁寧に対応していただいた大垣共立銀行の広報センターの方々や，快く案内をお引き受け頂いた「OKBハーモニープラザ」の方々に厚く御礼申し上げたい。

（注）
1) 『日経ヴェリタス』「顧客満足上位トップに聞く」インタビューより，2014年1月26日号，63頁。
2) 『日経産業新聞』2015年5月21日。
3) 「進化したサービス発信地」『OGAKI KYORITSU TIMES Annual report2011』

4) 大垣共立銀行，広報センターへの取材資料から（2015年8月実施）。
5) 大垣共立銀行，広報センターへの取材資料から（2015年8月実施）。
6) 『日本経済新聞』「地域金融」2015年7月14日。
7) 大垣共立銀行，広報センターへの取材資料から（2015年8月実施）。
8) 『日経産業新聞』2015年5月21日。
9) 大垣共立銀行では，顧客の声は「ありがとう」「許せない」「これをやって」などに大別され，特に感情的反応＝関与に優先注目するという。大垣共立銀行，広報センターへの取材から（2015年8月実施）。

（森　一彦）

第11章

えちぜん鉄道にみる共創プロセスの可能性

第1節　はじめに

　S-DロジックやSロジックに端を発する価値共創の議論は，顧客が価値を自ら認識する局面に対し，企業がどのようなマーケティング活動を展開できるかという，マーケティング活動全体の見直しを促している（今村 [2015]）。このことを村松 [2015b] に照らせば，企業側が事前に交換を想定したパラダイム（生産プロセス）からの転換を求めているのであり，顧客側が独自に解釈する相互作用（消費プロセス）からマーケティング活動を検討すべきということであろう。一歩進めて考えれば，企業活動自体が事前に交換を規定している場合，規定し得ない交換への探索が実践されなければ，消費プロセスでのマーケティング活動など見い出せない。

　そこで本研究では，企業と顧客の共創プロセスに焦点を当ててケーススタディを展開する。えちぜん鉄道を題材として，規定し得ない交換への探索がどのように推進されてきたのかを明らかにする。研究を通じて，消費プロセスでのマーケティング活動に多くの含意が獲得されていくことを確認する。またそれは，顧客サービスの向上に留まらず，鉄道利用の目的が幅広く検討される契機となっており，新たな便益の創出すら可能になることを指摘する。

第2節　事例研究

1. 企業概要

　本研究で注目するえちぜん鉄道株式会社は，福井県で事業展開する鉄道会社である。JR福井駅と曹洞宗の中心寺院である永平寺方面を結ぶ勝山永平寺線，それに勝山永平寺線と福井口駅で接続し，芦原温泉から三国港までを結ぶ三国芦原線をもつ，福井県において重要な地方公共交通機関である（図表11-1）。

　今日，交通手段の多くがマイカーとなり，その傾向は地方でより顕著となっている。公共交通機関（鉄道・バス）の利用促進が期待される一方で，公共交通機関が担う比率（分担率）は低下が続いている。国土交通省[2012]は，国勢調査から2000年から2010年の分担率の推移を算出している。これによると，北陸三県のうち石川県，富山県は，分担率が−1〜−3％で推移しており，こ

図表11-1　えちぜん鉄道の企業概要

項　目	事　項
会社名	えちぜん鉄道株式会社
所在地	福井県福井市松本上町15-3-1
設立	2002年（平成14年）9月17日
資本金	4億9,700万円（2015年9月30日現在）
代表者	代表取締役社長　豊北 景一
事業内容	第1種鉄道事業
株主構成	株主総数47 　うち沿線市町村5（7,500株保有, 全体の69.8％） 　一般株主42（3,200株保有）
営業キロ	勝山永平寺線（福井−勝山）27.8km（駅数23） 三国芦原線（福井口−三国港）25.2km（駅数21）

　出所：えちぜん鉄道　ウェブページ〈http://www.echizen-tetudo.co.jp/〉をインタビュー調査によって加筆。

図表 11-2　福井鉄道・えちぜん鉄道における鉄道輸送人員の推移

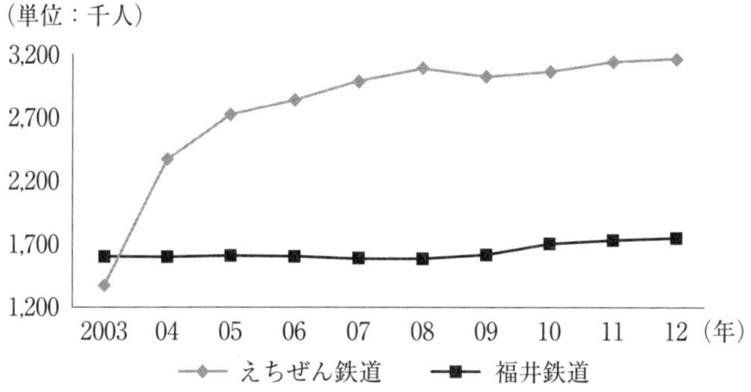

(単位：千人)

出所：福井鉄道福武線活性化連携協議会・えちぜん鉄道活性化連携協議会[2013]。

こでも，公共交通機関の分担率は低下している。この傾向は，新潟県や宮城県を除く東北五県にもみられ，交通手段のマイカー移行に歯止めがかからない。その中で，福井県は－1～1％の推移となっており，これは，大阪府や兵庫県，愛知県，千葉県，埼玉県といった都市圏をもつ府県と肩を並べる結果である。福井県が公共交通利用者減少を抑制し成果を上げていることを示している。

この実績の一部を同社が推進していると理解することができる。福井県はJR線のほか福井鉄道と同社しか鉄道事業を展開していないが，鉄道乗車人員の推移をみれば明らかである（図表11-2）。そのうえ同社は2015年，福井駅付近連続立体交差事業に伴い，福井駅・新福井駅・福井口駅を移転するとともに，新駅「まつもと町屋」を開業させた。近年も利便性の改善が推進されていることを考えれば，本研究が同社に注目する意義は十分に確保されているといえる。

2.　えちぜん鉄道開業の経緯

えちぜん鉄道の起源は，1888（明治21）年 京都電灯株式会社設立に遡る。同社は九頭竜川系水力発電を手掛けたことから，鉄道敷設の請願を受け鉄道事業に参入した。1914（大正3）年に福井の地に電車線が開通して以降，鉄道事

業は拡大した。戦後は京福電気鉄道株式会社として独立し，同社は京都の嵐山本線や北野線（現在の京福電気鉄道線），鞍馬電鉄（現在の叡山電鉄鞍馬線や叡山本線）のほか，現在は廃止となっている永平寺線（金津～永平寺間）や，丸岡線（本丸岡～西長田間）を含めた鉄道事業を保有した。

ところが，1960年代半ば（昭和40年ごろ）から鉄道利用は減少するようになり，1968（昭和43）年には丸岡線が廃止になるなど，営業路線の縮小がはじまった。しかし収益の悪化から免れることができず，叡山電鉄との経営分離や更なる路線廃止が進められた。それでもなお事態が改善されない京福電鉄に対し，これ以上の路線廃止は進めるべきでないとの民意が示される。福井県及び沿線の5市町村（福井市・勝山市・松岡町・永平寺町・上志比村）は，1997（平成9）年京福電鉄との間で，路線存続の合意を締結したのである。

このように鉄道存続が自治体から期待されてきたにも関わらず，悲惨な事故が二度も発生する。2000（平成12）年12月と翌年6月の二度に渡り，電車同士の正面衝突事故が起こったのである。2000年の事故では運転士1名が死亡，乗客24名が重軽傷となったほか，翌年の事故でも乗員乗客24名が重軽傷を負う惨事となった。起こしてはならない失敗が教訓として活かされることなく，1年足らずの間に悲劇は二度も繰り返されたのである。マスコミはこぞってこの事故を大きく採りあげた。大都市で一般化していた自動列車停止装置（ATS）の未設置を問題視した。地方の公共インフラが安全において大きく後れをとっていたことが，報道によって次々と浮き彫りになっていく。2001年7月，中部運輸局は京福電鉄に対し「安全確保に関する事業改善命令」を通達した。しかし事業改善の見通しが立たない京福電鉄は，同年10月，中部運輸局に鉄道事業廃止届を提出する。その結果，2001年6月の事故の翌日から2003年7月のえちぜん鉄道の営業開始まで，市民の足である鉄道はストップする事態となったのである。

3. 二度の事故から学んだこと

事故を繰り返してはならない。このことは，事業を継承したえちぜん鉄道の

人々の心に強く刻まれたに違いない。しかしそれは，鉄道事業者だけに突きつけられた教訓ではなかった。沿線住民もまた鉄道利用できない現実を，実際に体験する契機となったのである。約3年もの間，鉄道不在の地域では，新たな教訓がどのように生まれたのだろうか。このことについて，2008年のインタビュー調査では，次のようなことが事実として示された。

① 幹線道路が渋滞するようになった

代替輸送として活用せざるを得なかったのがバスである。ところがバスは，鉄道より輸送規模が小さく，通勤通学の時間帯は十分な輸送力を確保できなかった。その結果，バスに乗車できない人が増加し，大混乱が生じた。

幹線道路の渋滞によって，バスのダイヤが機能しなくなった。鉄道利用が可能なころは，勝山市から福井市内まで1時間程度だったものが，鉄道不在になって以降は2時間以上を要するようになった。バスは通常の2倍以上の時間を乗車してもなお，目的地にたどり着かないという事態が生じるようになった。

このような幹線道路の渋滞と目的地までの到着遅延は，通勤通学の範囲の縮小をもたらした。特に勝山市在住の高校生は福井市内の進学校に通学できない事態となり，就学環境が激変した。

② 鉄道を利用しない人まで困惑した

幹線道路の渋滞は，元々鉄道を利用しなかった人々にも不利益を及ぼした。沿線住民は総じて通勤通学時間が増大することになり，鉄道不在のデメリットを鉄道利用しない人まで自覚することになった。勤務先までの所要時間が倍増した人は少なくなく，あらゆる人々にとって，鉄道不在が生じさせる問題を無視できなくなった。

鉄道不在の生活は，高齢者の生活を直撃した。高齢者にとって介護施設の利用や医療機関への入院で移動することがあるが，道路の混雑によって手間が倍増し，同居家族の家事負担が増大した。高齢者の移動を同居家族が手伝うなどすると，従来より時間のゆとりが減少する。それどころか，共働きが困難になるなどの支障が出るとの指摘も少なくなく，ここでも鉄道不在による道路渋滞

の問題が，沿線住民を悩ませた。

③　鉄道存続運動が盛んになった

1990年代から住民・行政と鉄道会社との間で路線存続の協議は行われてきた。沿線住民の存続への期待は，当時から存在していた。しかし，実際に鉄道不在を体験することで，失われるものが多いこと，思いもよらない弊害が生じることが明らかになった。また，その経験を沿線住民が皆で共有することになった。このことが，存続に向けた運動をさらに盛んにさせることに繋がった。結果として，鉄道存続の署名活動は，県単位での対応を余儀なくされ，2002年には「新鉄道会社支援室」を設置するに至った。

以上から明らかなのは，鉄道のない生活が，鉄道利用と無関係な人々にも多大な影響を与えたということである。二度の事故から学んだ教訓は鉄道事業者に留まるのではない。鉄道不通の生活は，沿線住民の一人ひとりに新たな教訓をもたらした。この鉄道不在という事態がもたらしたいくつもの教訓から再検討すべき事柄は多く，このことは鉄道事業者のほか，地元の人々の意識の中に強く刻まれることになったのである。

4.「地域共生型のサービス企業」へ

こうして地域住民から鉄道の再生や復興の期待は高まった。他方，鉄道会社のマネジメントを考えたとき，安全性と収益性の双方を確保したスタートが求められる。このことを強く意識したのが，発足当初専務だった見奈美徹氏である。彼は，民間の発想をどう鉄道会社に取り入れるかを考え，以下を実践した。

①　鉄道が走り出すまで

路線の安全確保は絶対に大切であった。二度と事故を繰り返してはならない。そのために，見奈美氏は路線の安全確保を自ら確認してまわった。

同社は，2003（平成15）年7月に部分開業，翌月には福井から三国芦原線へと開業を進めていった。このとき見奈美氏は，部分開業のときから駅の清掃・椅子に座布団を用意するなどの作業を地域のボランティアに委託するなど，地元密着型の鉄道事業を展開していった。またその際に，住民の声を聞いてまわったのである。さらに，その末に経営理念を掲げることとした。

② 経営理念に忠実な企業経営を目指す
　こうして掲げた経営理念とは「えちぜん鉄道は『地域共生型のサービス企業』であり，鉄道事業ではない」ということである。また，サービス企業を標榜する以上，サービスを提供するための方法を検討しなければならない。これが，アテンダントを乗務させる意思決定につながった。
　ここでのサービスの基本は「Face to Face」である。これを徹底させるための手法を模索することにした。このほか，駅員・アテンダントの日報はすべてその日のうちに社長が確認するシステムを確立した。こうすることで，サービスの最前線で生じる事柄を全社体制で対応することが可能になる。こうした新たなマネジメントの仕組みを構築していった。

5. アテンダントの誕生

　以上の経緯から，同社はサービス企業への転換に向けて舵を切っていく。とりわけ「Face to Face」を実践するための施策が求められるのだが，これをどのように推進したのだろうか。同社が実践したことに注目することにする。

① 券売機の廃止
　同社線は有人駅が17，無人駅は27に及ぶ。人員が配置できないところにこそ，機械を設置するのは不自然でない。そう考えると，券売機の廃止とは機械化を逆行するのかもしれない。しかし，同社はこうすることから，サービス業としての営業スタイルの確立を進めたのである。
　運転士や駅員は全員が，顧客に対し「ありがとうございました」を励行す

る。福井駅はじめ主要駅では，目的地の地図を配布するなど，利用客とのコミュニケーションが図れるよう工夫している。無人駅から乗車する顧客に対しては，特に高齢者への十分な配慮が必要である。どのような配慮がどの駅まで必要なのかを把握する必要がある。このことに専念できる体制として，アテンダントを乗務させることにしたのである。結果として，無人駅から乗車する顧客の乗車券販売は行うものの，同社はアテンダントに車掌業務を兼務させるなどの発想は，最初から微塵もなかったといえる。

② モデルなきサービス

アテンダントがやらなければならない業務とは，①無人駅での乗車券の販売，②高齢者の乗降補助，③駅から路線バスへの乗り継ぎ案内である。当初，この３つだけを掲げてアテンダント・サービスをスタートさせた。その後2008年の調査時には，アテンダントの自発的な取組みが増加し，サービスの質が安定するようになると，④駅周辺の観光案内，⑤車内アナウンスのタイミングや挨拶も推進するようになっている。2015年の調査でもこの取組みは定着していることが確認された。独創的な実践は繰り返されているといえる。

このように，日々進化するアテンダント・サービスだが，その模索は今日でも続いているという。2008年の調査時には「仮にホテルマンのサービス・ホスピタリティの精神が一流だとしても，ホテルに訪れる人は，ホテルマンが提供するサービスを認識したうえでコミュニケーションする。自ずとホテルマンのサービスにもスタイルができあがる。それに対し弊社のアテンダントは，そのありかたから検討しなければならない。顧客がホテルマンに応じて行動することがあったとしても，顧客がアテンダントに応じて行動することはない。アテンダントが車内に溶け込みながらスムーズに業務を進めていくスタイルの確立は，一から模索する必要があった」との回答があった。

また，アテンダントが個別の対応を推進していく点にも難しさがあるという。「ホテルマンはホテル全体の一員として機能することもあるが，アテンダントは乗車するひとりひとりの利用客に応じてアテンダントが個別に対応す

る。すると，ケースバイケースの対応も多く，結果としてモデルへの収斂は不可能になる。アテンダント同士によってしか，サービスの質は向上できない」という。

アテンダントが単独で乗務することの特殊性や，そこで蓄積される経験の意義と組織レベルでの共有を考えたとき，それは実践の積み重ねによってしか検討できないというのが，広報担当者から伝えられたメッセージであった。

6. アテンダントの実際

2008年の調査時は，開業後3年程度でアテンダントは充足したという。当時12名が在籍し乗務していた。年齢は20歳代が主で，通勤通学の時間帯は乗務しない。高齢者利用の多い時間帯に乗務するという。また，ジョブ・ローテーションがあり，毎日同じ列車には乗務しない。しかし，利用者から覚えられて声をかけてもらうこともしばしばあるという。

彼女らは業務への誇りが強い。その理由として，①利用客からお褒めの言葉が直接返ってくる，② Face to Face で利用客の満足を実感できる，③県外の顧客からは感謝の手紙が多数寄せられる，などが挙げられる。

こうした好評の理由は，アテンダントのフレキシビリティの高さにある。思いやりや親切心による行動は，アテンダント自身の誇りを高める要素となっている。本社に寄せられるクレームもほとんど存在しないという。

2015年の調査時にも，アテンダントの活躍は健在であった。現在でもマニュアルはないという。これは，あらゆる状況が生じ得る鉄道での業務において，常に安全確保が最重要だからである。対応の規範的な議論は絶対にしない。いつも状況を判断しながら，対応を進めていく。サービスもこの原則で推進されており，例外はないという。

他方，アテンダント間で，体の不自由な方，高齢の方などで乗降補助が必要な方の乗車駅や降車駅，利用する便といった情報は共有する。これは，共有できる情報を蓄積することで必要なサービスを想定し，顧客の不自由を解消する目的があるという。共有できる情報を増やしながら，お客様の不自由を解消し

ている。こうすることで，不便をお掛けしてはならないという意識が浸透し，乗降補助の対応は洗練されていく。

　アテンダント導入からすでに10年を経て，進化していることがある。それは，アテンダント任せにしない全社レベルでの顧客対応の推進である。いくらアテンダントが懸命に働いても，ひとりでは十分に対応できないことがある。例えば，車いすの持ち上げを単独ではできないし，乗客が多く混雑するときは，乗降だけでも駅員や運転士との連携が求められる。このとき，駅員や運転士が役割を自覚してそれぞれ行動しなければならない。車内で何を対応すべきか，駅構内で対応した方がスムーズなことは何かなど，各自が瞬時に判断して行動することが求められる。また，各自の行動を理解したうえでの連携が大切になる。こうした体制は一朝一夕に構築できるものではないが，やはり情報を共有し対応を進化させることで，問題解決の次元は向上するといえる。

　このほか，アテンダントから得たサービス向上の取組みは，全社レベルで推進する風土も根付いている。これは，全社体制で推進しなければ，顧客の要求に企業が応えたことにならないからである。そうしなければ，アテンダントすらサービス向上に寄与できない。当初，大きな話題となったアテンダント乗務だったが，今日ではその取組みが組織に定着している。アテンダントによってサービスは洗練される方向を持つと共に，組織的な対応による問題解決の次元も向上する。こうした強みを，同社は獲得するに至っていた。

7．小　　括

　本事例の大きな特徴は，鉄道不在によって生じた新たな教訓にある。鉄道不在の時期を経験した沿線住民から，様々な問題が指摘されるのだが，浮かび上がる課題（通勤通学の困難，高齢者の日常生活の維持困難など）は鉄道利用者だけの問題に留まらない。鉄道利用しない人々の生活をも変化させ，日常生活を脅かすようになる。このことが，鉄道不在を肯定し難いとする考えの妥当性を強めたことは間違いない。

　他方，この現実が鉄道事業者に突きつけたもの，それは，鉄道事業が顧客に

どのような貢献を求められているかを鮮明にしたといえよう。顧客の多くは通勤通学だが，顧客はその目的だけのために鉄道が必要なのではない。通常の生活を維持するうえで鉄道が不可欠である。このことは，高齢者も同様だが，交通弱者ほど日常生活を直撃する。約3年に及ぶ鉄道不在は，こうした実態を浮き彫りにしたのである。

　このような現実を乗り越えてスタートしなければならなかった同社は，電車を走らせる一方で顧客の生活を理解し，一緒に歩んでいく必要があった。見奈美氏が住民の声を聞いた末に経営理念を掲げたのは，地域社会の十分な理解と共に歩むという決意に満ちた態度である。アテンダントという新たな業務も，こうした経緯によって生まれたのである。

　アテンダントは，顧客の実態に即して関与がスタートする。その応対は，顧客の生活を理解する必要があり，沿線住民の日常生活を支援することに直接結びついていく。観光資源に恵まれた沿線を持つ同社は，アテンダントが観光客に向けたサービスも展開する。今やアテンダントのサービスは同社の姿勢を顧客に直接示す重要な職務であり，その活躍は大いに期待されている。

第3節　考　察

　本事例を振り返れば，鉄道不在の約3年が，それまでの沿線住民の生活を一変させた。鉄道利用が沿線住民の日常に入り込んでいたことが明白になったのである。鉄道が果たしてきた意義は，移動しようとする顧客の目的に留まらない。通勤通学で利用する人々の生活を最適化させ，交通弱者の自立を支援する。鉄道を利用しない人々にも，余分な負担を軽減し地域社会に寄与する。こうした側面を，企業だけでなく沿線住民が共に理解することになったといえる。

　このことが，村松[2015b]のいう消費プロセスに入り込む契機となったといえるのではないだろうか。同社は京福電鉄時代より増して顧客の生活を理解し，一緒に歩んでいく必要があったであろう。アテンダントの乗務は，これを

直接推進する重要な役割である。ただし，前例なき挑戦に手本はない。インタビュー時に示された「アテンダントが車内に溶け込みながらスムーズに業務を進めていくスタイルの確立は，一から模索する必要があった」との見解は当然である。これは，企業側が事前に交換を想定できないからこその苦悩である。顧客への関与を蓄積するアテンダントの活躍こそ，企業と顧客との共創プロセスであり，それは事前に交換を想定したモデルで説明することはできない。従来のマーケティング研究では，価値創造の役割を企業側に限定して議論してきたため，利便性の向上ばかりが重視されてきたといえる。これに対し共創プロセスの重視は，その時その瞬間に生じる相互作用が重要であり，それは事前に想定することができない。しかし，適時性の高さを強みとすることで，利便性偏重に留まらない企業活動の意義を確認できる（図表11-3）。顧客に寄り添い，日常生活への入り込みから企業活動の意義を再発見する大きな役割を，アテンダントは担っている。適時性の向上とは，期待を事前に見込む視点に留まらない可能性を有しているといえる。

図表 11-3　共創プロセスの性質

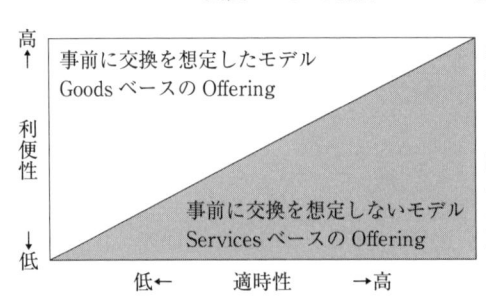

共創プロセスは，事前に交換を想定せず，顧客にとっての価値に直接アプローチするといった，適時性の高い領域において意義を発揮しており，想定された利便性と異なる性質を持つ。

（縦軸：利便性　高↑↓低／横軸：適時性　低←→高／上部：事前に交換を想定したモデル Goods ベースの Offering／下部：事前に交換を想定しないモデル Services ベースの Offering）

出所：筆者作成。

第4節　おわりに

　かつて Levitt [1960] が鉄道会社の衰退を議論する際，その要因を輸送事業と捉えず鉄道事業だと捉えることを問題視した。彼は，既存の事業ドメインに固執するのではなく，顧客ニーズを把握して定義しなおすことを指摘した。本事例でも，彼の指摘に沿って考察できるものもある。しかし，当時の議論が，鉄道を利用する人々の生活の最適化だけでなく交通弱者の自立支援，そして鉄道を利用しない人々の負担軽減までを見通しただろうか。鉄道を利用できる生活が，これほどの消費プロセスの中で機能していることに気づくことを指摘しただろうか。

　Levitt の指摘は，事前に交換を想定するモデルでの再検討を促したものであり，利便性を多角的に検討すべきであることを意図していたであろう。それに対し本研究は，日ごろ可視化されることのない顧客にとっての価値を探るために，企業は顧客との垣根を越える必要があり，共創プロセスが不可欠であることを示している。また，共創プロセスから鉄道事業の意義を絶えず模索して成長を続けているのが，現在のえちぜん鉄道だといえる。こうした実態を，本研究は価値共創の理論的含意に基づきに明らかにすることができたといえよう。

（今村　一真）

第12章

ホスピタリティ産業の価値共創と企業システム
―ホテル・ラ・スィート神戸と吉井旅館の事例―

第1節　はじめに

1.　問題意識と目的

　本書が提示する価値共創型マーケティングの概念化には，サービスのロジックに基づき顧客との相互作用から企業システムを捉え直し理論化する必要がある。本来，製造業に比べて価値共創が実施されやすいとされるサービス業や小売業の現場でもサービスよりもグッズやサービシィーズに注目した理論に依拠して実践することが多い。すなわち，サービス業なのに製造業の視点で構築された理論を適応して実践している。

　マーケティング・マネジメントはマーケティング部門の領域として発展した経緯があることから，トップ・マネジメントの掲げるマーケティング理念と遊離して実践されることが多い。したがって，サービス業においても顧客起点で価値共創を実行して企業成果に結実させている事例は少ない。本章はサービス業で顧客起点の理念を掲げて価値共創を実施している事例を採用する。そし

て，トップ・マネジメントのリーダーがどのようなプロセスで組織運営をしているのかをラグジュアリー・ホテルと老舗旅館の事例で考察する。これらの事例から，価値共創を目指して企業が顧客と一緒に利用・消費プロセスで実施するマーケティングの組織運営について検討する。

2. 課題とフレームワーク

一般的にラグジュアリー・ホテルや老舗旅館を利用する場合は，ビジネス・ホテルなどを利用する顧客よりも企業との相互作用を求めることが多い。トップ・マネジメントが理念のもとに実施する行動を，「内部統合」「外部統合」「経営・組織文化との関係」「価値共創と企業成果」のフレームワークで考察する。課題1は，「価値共創と内部・外部統合」についてリーダーが実行する組織運営とは具体的にどのようなプロセスのことなのかである。課題2は「価値共創と経営・組織文化との関係」について両者はどのように連動するのか，そして価値共創の視点から企業システムを構築する場合，伝統的な組織運営との違いはどのように理解できるのかについての考察である。

次節は2つの事例で価値共創の理念に基づくトップ・マネジメントの行動が企業の内部・外部統合を促進することや組織文化や個人の行動規範へと連動することをフレームワークの視点で整理する。第3節は設定した課題1，課題2について考察する。最後にインプリケーションと残された課題を提示する。

第2節　事例研究[1]

1. 事例1：ホテル ラ・スイート神戸ハーバーランド

(1) 理念と概要

　ホテル ラ・スイート神戸ハーバーランド（以下，ラ・スイート）は，「Small Luxury Hotel」の理念を掲げて2008年に創業されたホテルである。客室は70室程度で比較的小規模のホテルだが，全室テラス付きのオーシャンビューや女性専用のエステ＆スパも併設，エステ＆スパ専用フロアには利用客向けの直通エレベーターを備えている。その結果，全国屈指の稼働率や業績を誇っている。2011年度の客室単価は全国第4位で84％を超える客室稼働率を維持して成果を出している。この実績は，圧倒的なリピート顧客で高い稼働率を誇る東京ディズニーリゾートのホテルを除くと全国第1位であることから，客室単価が高くとも高稼働率を実現している全国的にも稀な成功を収めたホテルである。

(2) 消費プロセスでの価値共創

　ラグジュアリー・ホテルを利用したい顧客はすでに強い意志がある。その意志は高額な料金を払ってでも，自分の目指す価値を創造しようとする顧客である。しかし，利用する顧客には多様なタイプが存在している。ラグジュアリー・ホテルという特性で特別なサービスを期待している顧客が多いが，顧客全員が相互作用を積極的にしたいと考えているかは別である。例えば，近隣に在住の顧客で週末に誰にも邪魔されずにリラックスしたいと考えて利用する固定客が相当数存在している。また，仕事を多く抱えている忙しいビジネスウーマンが仕事と余暇を同時に実現するために利用することが多い。

ホテルのトップ・マネジメントの総支配人は通常のホテルの縦割り型リレーシステムでのオペレーションではきめ細かい顧客のニーズを捉えられないことが多いので，より細やかに顧客対応しようとすれば適切でないと考えている。顧客とホテルマンの関係はチェックアウトまで継続し，同じホテルマンが顧客のmotenashiのすべてに責任をもつシステムを構築している[2]。

したがって，事前に顧客の実現したい価値がわかっている場合はそれを積極的に促進することで価値共創が実現できる。しかし，顧客の中にはくつろぎたい顧客のように一定のサービスをセルフで利用・消費する方がよいと考えることがある。仕事に集中するためにビジネスで利用している顧客も同様であろう。一方で積極的にホテル側と相互作用をしたいと意図する顧客に対しては担当したホテルマンが顧客の創造したい価値をパートナーとして積極的に支援する。

また，特徴的なのは旅館のように部屋での夕食が原則になっていることだ。レストランでの食事も可能だが，普段のスタイルでゆっくりとくつろげる環境の提供や小さい子供連れの家族や重要な仕事での打ち合わせなど顧客のニーズに合わせて対応している。また，食材やインテリアなどには地元の産品や地元デザイナーなどの芸術家の作品を積極的に活用する。丹波立杭焼や地元灘の日本酒，キーホルダーは地元芸術家の作品で，彼らを講師にした多様な講座も人気である。

2. 事例2：倉敷美観地区の吉井旅館

(1) 理念と概要

吉井旅館（以下，老舗旅館）は，岡山県の倉敷市に位置する120年間の伝統を誇る老舗旅館である。旅館は美観地区といわれる大原美術館や古い町並みを保存した地区に立地する。日本独自の旅館の文化は，客を施設に受け入れたときからプライベートの空間として始まる。旅館の女将を始め，スタッフは身内の仲間として振る舞う。理念は，「常連になっていただける宿，また来たい宿，

大切な人に薦めたい宿」である。女将は特に，口コミを重視する。女将は，「重要なのは，顧客の生の声や帰りがけのアンケートから顧客の声を収集して対応することである。これらの対応から友達に口コミで伝えたい，紹介したくなるような宿を目指している」と述べている。

そこで重要なのは仲居が提供する motenashi である。仲居は意志の強い顧客に対しては旅館サービスを利用・消費する場に積極的に関わる。そのためには，顧客の多様な要望や相談に対して顧客の能力に応じた解決策を提供する。旅館は顧客が要望しなくても，積極的に顧客同士が交流する場やイベントを用意することが多い。顧客はこのようなサービスを楽しむために旅館を選択するのが一般的である。これに対してホテルはロビーの受付で一括的にコミュニケーションをとる効率重視の仕組みである。ホテルは顧客から要望がなければ個々のニーズは把握できないし顧客のプライベートを重視して関わらない方がよいと考える。

(2) 消費プロセスでの価値共創

顧客のイメージでは，老舗旅館は敷居が高く小さな子供連れなどでは利用しにくかった。その結果ホテルを利用することが多かったそうだが，座敷がないので居心地が悪く，孫は歩くので畳の方がよいそうだ。女将が常連客から相談を受けて七五三のお祝いや三世代の誕生日のお祝いを当旅館で行ったところ口コミで評判になった。女将は主役である孫の好みや部屋の中の設定は無論のこと，帰りがけに記念写真を渡すなどの思い出づくりを顧客と一緒に演出する。要するに孫が喜べば結果的に顧客の価値創造になる。

顧客が来店してから旅館へ来た目的がはじめてわかっても，できる限り対応する。還暦などの祝い事の場合は写真を撮ってケースに入れて渡すとたいへん喜ばれる。女将は企業の接待担当のキーマンと平素から良好な人間関係に努めているので信頼関係が強い。

仲居は通常，一部屋から二部屋程度を担当するので，個々の顕在的ニーズに積極的に関わることができる。さらに，状況や場の雰囲気を察して先廻りをする気配りの対応が可能である。ホテルと旅館の違いは個々の顕在的・潜在的ニ

ーズに能動的に対応する旅館と受動的に対応するホテルの文化の違いであろう。

例えば、部屋に置いてある花卉を見て陶器に興味を示す顧客がいる。すると、女将や仲居は積極的に陶芸に関心がありそうだが窯元まで思いが及ばない顧客に対して、「案内しましょうか」と誘いをかけて提案する。そして、関心があるようなら近くに知り合いの酒津焼の窯元があるので、女将が自ら車を運転して無料で案内する。倉敷ガラスの工芸品に興味を示す顧客には1つだけある近くの製作所に案内する。酒を飲みながら地酒に興味があることが分かった顧客には近くの蔵元に案内する。顧客との会話は食事や食材の饗応を中心に盛り上がることが多いので夕食時は顧客のニーズを探索する絶好の機会である。

女将が、「一度来れば記憶できる」と述べているように、まずは顧客のニーズを把握する。そして、顧客の価値を支援するための場を用意する。具体的には顧客の好みに応じた部屋の準備やしつらえである。このように、旅館の場合は顧客の雰囲気や言動から相手のニーズを推し量る能力が求められる。顧客の満足は女将や仲居との関係性であって、旅館の施設や立地ではないことが多い。

3. 事例をフレームワークで考察

(1) ラ・スイートの事例の整理

企業は積極的に価値を創造したい能動的な顧客に対して多様な求めに応じて対応するための素材をあらかじめ用意する必要がある。そして、社員が求めに応じてすぐに対応できるような精神的な支えや環境を整備する。支配人は西欧型のラグジュアリー・ホテルとの違いについて、「日本人には『阿吽（あうん）』がある。したがって、場の空気を読み臨機応変の対応が自然とできる土壌がある。現場でリーダーと社員そして顧客が一緒に体験することこそが重要である。教える側と教わる側という関係ではなく、顧客との価値共創のために組織が一体となって学習することでマニュアル化に頼るのではなく体得することになる」と述

図表 12-1　ラ・スィートの事例をフレームワークで整理

	客 A	客 B
顧客接点の場を通した相互作用 顧客の価値	能動的観光客 趣味，食事 エステ 丹波立杭焼 体験・感動	近隣富裕層 ビジネスウーマン 長期的関係 ビジネスオフィス代わり 快適な環境
内部統合	バトラー・サービス担当ホテルマン，コンシェルジュ	バトラー・サービス担当ホテルマン，コンシェルジュ
外部統合	地元企業・産業とのネットワーク	支配人の個人的ネットワーク
経営・組織文化	個の支援 motenashi	阿吽の呼吸 主客一体
企業成果	クチコミ	長期的関係

出所：筆者作成。

べている。すなわち，社員をオペラントとして捉えて自由な発想，突拍子な発想を重視する。

　また，「顧客が満足するための motenashi をするには，社員がそれにふさわしいナレッジ・スキルを身につけることが不可欠である。したがって，個が成長するためには積極的な支援をする」と強調する。総支配人は以上のような考え方を企業システムに落とし込んでいる。同ホテルは，日本型の motenashi のサービス開発に加え，24 時間のルームサービスやあらゆる段取りを手配するバトラーサービス，そしてコンシェルジュというように，担当者間で連携してサービスを展開するシステムを構築している。

　このシステムによって，ホテルマンは顧客がどのような願望とともにホテルを利用しているのか，今回ホテルを利用する目的は何か，どのような満足を望んでいるのかなど，瞬時に的確に把握することができ，顧客の期待を裏切らないサービス提案や支援による価値共創が可能になる。

(2) 吉井旅館の事例の整理

旅館では顧客のニーズが特定の目的の場合は、あらかじめ内容を把握しておく。例えば、クチコミ効果で利用が増えてきたのが、孫の七五三祝いなどの小さな子供同伴の利用である。しかし、顧客のニーズは多様であり、あらかじめ想定していたようには運ばないことが多いそうだ。そこで、臨機応変な対応が求められる。要は顧客の利用・消費段階で突発的に生じた想定外の課題を旅館が瞬時に解決するサービス・システム開発である。サービス・システムが顧客に対する対応は動態的な状況への組織対応のナレッジ・スキルが凝縮されている。これが、感動をもたらしクチコミの伝播力になる。

女将が仲居部門、帳場と調理部門を統括しながら、接客、motenashiを中心に掌握する。旅館の最高経営責任者が顧客満足の理念を現場で実践して実現する。したがって、理念の提示だけでなく行動できる顧客本位の組織運営システムが自然と形成される。特に、女将のリーダーシップが現われるのが苦情への

図表12-2 吉井旅館の事例をフレームワークで整理

	客A	客B
顧客接点の場を通した相互作用 顧客の価値	七五三 孫と一緒の3世代 部屋の設定 思い出・感動	倉敷観光 陶器、壁画、生け花 食事（食材、酒） 体験
内部統合	仲居と板場 受付と仲居	仲居の得た情報の活用 コミュニケーション
外部統合	地域行事への参加 地元企業・産業	女将のネットワーク 女将の会、地域連携
経営・組織文化	臨機応変、状況を見て対応 想定外の対応、顧客の立場で考える	察する力 しつらえ、推し量る
企業成果	口コミ 新たな価値提案のスキルの習得	固定客

出所：筆者作成。

対応である。女将は,「苦情に対しては迅速な対応が重要である。そして誠意を示すことが重要である。そのためには企業側の都合で行動しないで,常に顧客の立場で考えることが重要である」と述べている。

さらに,女将が実施する重要な仕事の1つに,地域とのネットワークの構築がある。女将は倉敷で育ち生活しているので地元のことは熟知している。そして,平素から地域行事にリーダー役で積極的に関わっている。このように,旅館だけで対応できないニーズに応えるために,地域との連携を頻繁に行っている。

第3節　課題の考察

1. 課題1の考察

課題1は企業の内部統合・外部統合を促進する組織運営とは具体的にどのようなプロセスなのかについての考察である。価値共創の理念を実行する企業には,総支配人や女将が実施しているような内部・外部統合を積極的に推進する仕組みが内在する。組織運営は標準化された品質の商品を大量に効率的に届けるために,サービスの工業化を目指す議論とは違う個別のニーズへの対応を前提としたシステムである。

サービスの工業化の視点は,企業が決めた価値がマニュアルを通して再現されることに重点が置かれる。これは,社員を機械と同様にオペランドとして捉えることに繋がりやすい。サービスのロジックは,社員をオペラントとして主体的な存在として捉える。したがって,価値共創型システムの組織運営は従来のオペランドとして捉えがちな経営学の人的資源管理論とは違う概念化が必要である。

価値共創型の企業戦略を採用する企業は,顧客と社員の相互作用から企業が成果を上げることを目指す。そこでは,社員の顧客接点の場での行動を積極的

に活かす企業活動が求められる。総支配人や女将は個の成長を支援するために自分自身，企業内部だけでなく企業外部のナレッジ・スキルを戦略的に柔軟に活用していた。そして，そのために平生から外部とのネットワークづくりを積極的に実施していた。

顧客との相互作用による多様な価値共創が実行される場合，臨機応変な対応や迅速な判断が求められる。総支配人は総料理長と関係性を構築し，多様な要望に対しての対応を可能にしている。女将は板場長に対して同様の関係を日頃から構築していた。総支配人や女将のようなトップリーダーが顧客起点で実施する判断と行動は説得力がある。結果的にこれらの行動が企業内部の経営諸機能間の統合や全体戦略と機能戦略の統合の原動力になっている。

価値共創型企業システムを実行するための多様なナレッジ・スキルの統合には総支配人や女将が果たしているように，顧客との接点の場が強い権限をもつことが不可欠であろう。大組織の場合はこの統合機能を果たすシステムを構築して機能させることが課題である。このように，本書が提示する価値共創での市場創造が機能するためには内部・外部統合を促進するリーダーシップと組織能力が不可欠である。したがって，マーケティングの視点からのマネジメントへの関与は必然的となる。そして，マーケティングは全社的な戦略を司るトップ・マネジメントの役割となる。その結果，価値共創の理念のもとにマネジリアル・マーケティングとマーケティング・マネジメントは統合されることになる。

2. 課題2の考察

課題2は価値共創と経営・組織文化の両者はどのように連動するのか，価値共創の視点から企業システムを構築する場合，伝統的な組織運営との違いはどのように理解できるのかについての考察である。

(1) 価値共創と経営・組織文化との関係

伝統的組織運営も価値共創型組織運営も目的は組織目標の達成である。伝統

的組織運営は目標達成に向かって,オペランドとして捉えられた社員を上手に動機付けして管理・操作する。価値共創型組織運営は組織目標を達成するために,社員をオペラントとして捉える。そして,個の成長が組織目標の達成に繋がると考える。トップ・マネジメントは個の成長のために必要な環境を管理することで成長を支援する。そして,リーダーの重要な役割は,これらの行動を促進することで組織に対して理念を具体的に見える形で浸透させ続けることで企業文化を醸成することである。理念を共有する個がそれに触発されて価値共創の実現へ向けた行動を推進することで,結果的に組織が顧客起点で運営される。このようにリーダーは,個の目標の達成のための支援を積極的に実施することが組織目標の達成には不可欠だと捉えることが重要である。

(2) 伝統的組織運営と価値共創型組織運営の違い

伝統的組織運営は,管理者が組織目標を達成するために意図した方向に向かってオペランドな社員を管理・操作することを目指した。価値共創型組織運営は,オペラントな個人の成長が組織の成長に繋がり結果的に企業の成長に結実すると捉える。個人の成長を促すためには,個人の動機や意欲に働きかけることで,「やる気を駆動させるシステム」「目標に向かってやる気を支援する組織

図表12-3 伝統的組織運営と価値共創型組織運営の違い

	伝統的組織運営	価値共創型組織運営
目的	組織目標の達成	組織目標の達成
手法	管理・操作 個のモチベーションによる上手な管理	支援 個の成長のための環境整備・支援
管理対象	社員	環境
考え方	直接的働きかけ オペランドな社員	結果としての目標達成 オペラントな社員
キーワード	アメとムチ 動機づけ コントロール 企業のため	個人の成長 やる気 環境整備 個人のためが企業のため

出所:筆者作成。

運営システム」の両輪が重要である。そして，概念化を進展させるためには「やる気」「成長」「支援」の関わりがどのようにシステムとして設計できるのかについて実証研究を重ねる必要がある。

3. 課題を通した議論

　伝統的マーケティングは，経営学の影響下で進展してきた。マーケティングは，経営諸機能の1つとして主にマーケティング部門のマーケティング・マネジャーの担当として位置付けられた。そして，マーケティング・マネジメントはミドル・マネジメントが担当して20世紀の環境下で大きな成果を上げた。

　製造業は，顧客や市場をマーケティング部門が担うことを前提に企業システムを編成する。しかし，Grönroos [2007a] はサービス業ではマーケティング活動をマーケティング部門以外のパートタイム・マーケターが実行すると捉える。マーケティング部門（フルタイム・マーケター）は市場調査，マーケティング計画，広告，価格設定，販売促進など限定的な専門業務を担当する。しかし，マーケティングの役割は市場への創造的適応にあると捉えると，マーケティング機能は顧客に対して商品を届ける活動・プロセスのことである。Grönroos は，マネジメントは，日常レベルのオペレーションの意思決定に直接関係すべきではなく，サービス戦略の遂行に必要な戦略的サポートや資源を提供すべきであると提示する。

　価値共創を実践する企業は顧客の価値を支援する理念の実行を通した利潤追求を戦略として採用する。サービスのロジックは価値の決定者である顧客に対して企業が提案や資源の提供を通して支援することを理念に掲げることになる。組織は理念のもとにリーダーを中心に積極的に顧客と相互作用して一連の統合プロセスを経て顧客の利用・消費する価値を支援する。企業は理念に基づく継続的な支援行動の結果として経営文化と組織文化を醸成する。

　村松 [2009] は，企業文化は経営理念を編成原理として経営文化と組織文化を構造化するものであり，内に向いているとしたうえで，企業文化とマーケティング理念は，内に向いた統合という点で同じ論理をもっている。しかし，マー

ケティング理念は外を向いた顧客志向と内に向いた利益志向を共にもっていると提示する。したがって，企業の経営はマーケティング理念，マーケティング・コンセプトから外の顧客起点が表明される。顧客起点のもとに内に向けて，統合志向のもとで経営文化と組織文化が統合され，その結果が利益志向のもとで成果に結びつけられる。

第4節　おわりに
―残された課題―

1.「motenashi」と「おもてなし」の違い

　今回の考察で使用した「motenashi」の用語はサービスのロジックでのエンカウンター社員の行動を表す造語である。「おもてなし」は日本の伝統的な文化や慣習から育まれた固有の接遇精神である。「おもてなし」はホスピタリティの用語と混同して用いられる場合も多いが，ホスピタリティは欧米の文化から派生した違う概念である。例えば，日本のおもてなしは前提として素姓の明確な相手を対象としている場合が多いが，ホスピタリティは異邦人を前提としている。

　サービスのロジックで考察すると，基本的な企業と顧客の関係は顧客の生活領域における直接的な相互作用が前提である。したがって，両者間には上下関係はなく，契約や役割分担の関係である。価値を決めるのはあくまでも顧客側であることから，過剰な接待や押し付け的な先回りをした配慮は美徳ではあるが余計なサービスである。

　今回の考察からわかったように，企業はどのような顧客側の問題解決に対しても対応できるようなシステムを創ることが重要なことである。また，社員が顧客の「motenashi」をするためには，パートナーとして役割を果たすために必要なナレッジ・スキルを磨き続ける必要がある。基本動作の訓練で丁寧な対応や媚びへつらうことではないことも重要な視点である。サービスのロジック

での「motenashi」は「おもてなし」とどのように違うのかについても今後研究を続けることで明らかにしたい。

2. インターナル・マーケティングと組織能力の接続

　価値共創のプロセスはインターナル・マーケティングの視点からも捉えられる。インターナル・マーケティングは組織全体が顧客志向で機能するために全部門に働きかけるトップ・マネジメントの役割である。Grönroos [2007b] は，インターナル・マーケティングの中心概念として社員に対する「エンパワリング（Empowering）」と「イネーブリング（Enabling）」を挙げている。社員に対するエンパワリングは接客社員に意志決定と行動する権限を付与することである。イネーブリングとはエンパワリングが機能するための環境づくりを指す。したがって，エンパワリングしてもその目的を達成するためにはサポート体制や精神的な支えが不可欠となる。

　インターナル・マーケティングは価値共創のインタラクティブな関係を支援するためのマーケティングである。そしてインターナル・マーケティングを推進する組織能力はサービスのロジックの社員をオペラントとして扱う考え方に基づいている。これから，サービス・マーケティングの既存研究のインターナル・マーケティングと組織能力，ダイナミック・ケイパビリティ研究の接合へ向けた視点での考察を深める必要がある。

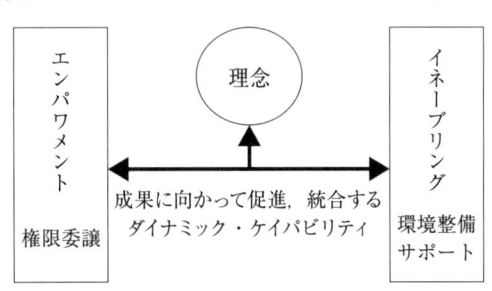

図表 12-4　インターナル・マーケティングの中心概念

```
┌─────────┐                           ┌─────────┐
│エンパワメント│      ○理念              │イネーブリング│
│         │      ↑                  │         │
│         │←─────┼─────→            │         │
│         │ 成果に向かって促進，統合する  │         │
│ 権限委譲 │ ダイナミック・ケイパビリティ │環境整備  │
│         │                          │サポート  │
└─────────┘                           └─────────┘
```

出所：筆者作成。

(注)

1) 藤岡 [2014a] 参照。
2) 本章ではサービスのロジックによる顧客接点の場での相互作用は北欧のホスピタリティや日本のおもてなしと違う概念なのであえて motenashi の用語を用いている。

（藤岡　芳郎）

第 13 章

テーマパークの価値共創と組織運営
―株式会社ユー・エス・ジェイ（USJ）の事例―

第1節　はじめに

1. 問題意識と目的

　本研究は価値共創型企業システムでの組織運営は，経営学の分野で進展した伝統的な理論とは違う視点が重要ではないかとの問題意識から開始した。本章の目的は，顧客の消費プロセスでのマーケティング戦略の実行で，顧客の消費行動に関わるための価値共創型企業システムの組織運営の概念化である。

　そこで，次項では消費プロセスでの価値共創を理解するためのサービスのロジックの主要概念について先行研究で考察する。続いて，本章で考察する課題とフレームワークを提示する。第2節はUSJの事例を設定したフレームワークを用いて分析して研究する。第3節は設定した課題の考察から導出された知見について議論する。最後に，インプリケーションと残された課題を提示する。

2. 課題とフレームワークの設定

(1) 先行研究の考察

　サービスに関する研究は，北米で発展したマーケティング・マネジメントの強い影響下で進展した。企業はサービスの同時性の性質からサービス商品の品質を安定させるために顧客との相互作用に着目する必要があった。したがって，北米研究（アメリカン）のサービスに関する研究は企業がサービス品質をあらかじめ決めた一定の基準で安定させることを目的とした。多くの場合，テーマパークに代表されるようなサービス業においても同様の前提でマーケティング戦略が構築された。

　北欧学派（ノルディック）の代表者の Grönroos [2007a] は，マーケティングのスペシャリストであるフルタイム・マーケターが調査やエクスターナル・マーケティングを駆使して商品（プロミス）を開発，提案する。企業のトップ・マネジメントはプロミスの効果的な実行と顧客の問題解決に向けてインターナル・マーケティングを実施する。そして，企業は全社組織でインタラクティブ・マーケティングの実行や支援をすると提示する。顧客と相互作用する社員はすべてサービス・エンカウンターであり，一番重要なプロミスを実行するパートタイム・マーケターの役割を担う。企業は全組織で顧客との相互作用を支えて顧客から評価されることを目指す。サービス・ドミナント・ロジックとサービス・ロジックは相違点もあるが，相互作用や顧客が利用・消費する段階で決める価値を重視するサービスのロジックの視点は共通する。

　本章は顧客の消費プロセスで実施する USJ の組織行動をサービスのロジックのマーケティングの視点で考察する。サービスのロジックはナレッジ・スキルを統合するプロセスやそれを促進するダイナミックな組織能力さらに顧客や社員を能動的なオペラントとして捉える視点を提供する。

(2) 考察のフレームワーク

　本章の目的は村松[2015b]が研究課題として提示する消費プロセスでの企業と顧客の共創プロセスを考察して，価値共創型企業システムの概念化を進展させることである。本章の課題は，USJが実施した価値共創戦略への転換がどのような組織運営や行動の変化に繋がったかを帰納的に導出することである。企業と顧客の共創プロセスを考察するために，村松・藤岡[2011]は「顧客の設定」「場の設定」「相互作用」「顧客の価値」「企業の価値」の価値共創プロセスのフレームワークを設定した。USJの事例をフレームワークに基づき考察することで，価値共創型企業システム・モデルの組織運営について精緻化を試みる。

第2節　USJの事例

1. USJの概要

　本章は，USJが志向論のマーケティングから価値共創のマーケティングに転換した2010年から2012年に実施した調査を基に考察している。USJは，2001年3月に大阪市此花区に開園した。ビジョンは，「私たちは，ゲストの期待を上回る『感動とサービス』を提供することにより，エンターテインメント＆レジャー業界におけるアジアのリーディングカンパニーを目指します」である。

　USJの開園初年度の来場者数は1100万人と順調な滑り出しであったが，その後徐々に700万人台まで大きく落ち込んだ。開園10年目が近い2009年から2010年頃が来場者数の底であった。その頃に，USJはマーケティング戦略を大きく転換して開園10年目に向けた新たな取組みを実施することで入場者数は文字通りV字回復を果たした。

開園当初のUSJは，アメリカのパークから選りすぐったアトラクションを中心に導入することで，USJがアメリカで創造した価値を日本の顧客に訴求する志向論でマーケティング戦略を推進した。東京にはディズニーランドがファミリー客を中心に人気であったので，違いを明確にするためにヤング層をターゲットとした。しかし，集客が目標を大きく下回り新しい経営陣のもとでターゲットをヤング層からファミリーへ転換した。そして，コンセプトを2011年の開園10周年を目指し志向論（market to）から起点論（market with）へ転換した。

　USJは約5500人の従業員（以下クルー）を雇用しているが，そのほとんどが学生や主婦中心のアルバイトで，マネジャー（以下，管理者）は300人程度しかいない（2012年調査時点）。教育訓練システムは定期的にクルーの中からトレーナーが配置され，一定期間が過ぎるとトレーナーはもとのクルーに戻るシステムであった。

2.　価値共創戦略の推進

(1)　価値共創戦略の実行

　当初，USJはクルーがマニュアルに忠実にエンターテイメント設備を動かしあらかじめ決められたことを正確に再現することに重点を置いた。顧客（以下ゲスト）は，それぞれ自分たちで楽しんで帰ることを前提にした。クルーは経営方針の転換を受けて，ゲストが感じる楽しみや感動を一緒に創造することを目指す。管理者は，クルーが積極的にゲストと一緒に楽しむために環境整備や支援をした。例えばパーク・コンシェルジュなどの多様なスタッフの配置や新しい教育訓練システムなどを導入した。

　具体的な事例として，USJが起点論へのコンセプト変更に基づき最初に取り組んだのが，マジカル・モーメント・プロジェクト（以下MMP）の設置である。MMPが目指すのは，単なる接客ではなく，クルーとゲストとのポジティブ・インターアクションによる，「マジカル・モーメント」の創出である。

(2) ポジティブ・インターアクション

　志向論ではエンターテイメントを受動的に楽しむゲストのニーズに対応したパーク体験提供が中心の組織運営であった。パークはショー，イベント，キャラクター，サービス等の充実とマニュアルに沿ったコミュニケーションなどに重点を置いていた。アルバイトのクルーは，マニュアルに基づき忠実に正確に再現することが求められた。今は自分の子供や友だちと一緒にやったら喜ぶと思うことは，すべて自分の判断で実施してよいことになっている。したがって，主婦のクルーは，小さな子供のゲストに対して自分の子供に接するように対応することが求められる。このように管理者はクルーに対してマニュアルの正確な再現性だけでなく，友達や自分の子供が楽しむことなら自らの判断で積極的に実行することを権限委譲して奨励している（MMP推進責任者KN氏）。

　志向論で編成されていた2010年頃までは9月から11月の時期がパークの年間で一番の閑散期であった。しかし，ハロウィーン・ホラー・ナイトに代表されるハロウィーン・イベントなどのポジティブ・インターアクションによる新たな戦略の推進が，大成功をおさめて業績復活へ向けた原動力となった。

　その後，クルーとゲストが相互作用しながら実施する効果的なイベントが多くクルーのアイデアによって開発されている。例えば，今まで離れた位置から眺めるだけであったパレードなどのイベントに仮装ゲストが参画することでゲストがパレードの一部，もしくは主役になった。年間パス会員向けの特典は，割安なチケット代金ではなく会員の子供が主役のミニ・ショーへと変化した。このように，USJの人気が上昇した大きな理由が，クルーが最大のアトラクションになっているMMPである。

3. フレームワークを通した考察

　フレームワークを通して事例を考察すると，クルーはヤングや子供にポジティブ・インターアクションを積極的に実施して感動を与えることが相互作用になる。ゲストの価値は，相互作用から得られる満足や感動である。ゲストが利

用・消費段階で体験した価値を通して企業は新しいサービスやイベントの開発にも繋がり，交換価値としてはリピート客の獲得による客数アップや売上高の増加に結実する。

(1) 顧客の設定

村松 [2015] によると顧客は意志と能力の視点から4つにパターン化される。顧客は自分たちだけで楽しみたいのでクルーと必要以上に関わりたくないと考える意志の弱いゲストと，クルーと一緒に楽しんで帰りたいと考える意志の強いゲストである。クルーは前者に対しては必要以上に接することはしない。後者のゲストとは自分たちと一緒にポジティブ・インターアクションなどで楽しむ。USJの戦略が志向論で編成されていた時はすべてのゲストは同質でありエンターテイメント施設をセルフで楽しんで帰ることを前提とした。価値共創ではクルーが意志の強いゲストに積極的な相互作用を実施する戦略となっている。しかし，価値共創の戦略を推進する場合，顧客には2種類のパターンがあることを意識しておかなければ意志の弱い顧客に不評となる可能性がある。

(2) 場の設定

パーク内のすべての顧客接点の場が直接的相互作用を実施する機会である。例えば，レストランやショップも自分たちで開発したハピネス・カフェのイベントなどで相互作用を実施している。ゲストが入園してエンターテイメント施設まで移動するために歩くだけの道も現在はクルーとゲストが多様な相互作用を実施して楽しんでいる。したがって，現在のUSJはパーク全体が相互作用のエンターテイメントの舞台となっていることがわかる。

(3) 相互作用

パークで実施する相互作用の代表例がマジカル・モーメントであり，ポジティブ・インターアクションである。志向論のマーケティング戦略を採用していた時は米国で人気のある施設の設置に多額の投資をした。顧客起点では能動的な顧客を想定し，ゲストと価値共創や自分が主役になりたいというニーズやイ

ンサイトを満たす価値（イベント）提供を目指している。例えば，フラッシュ・バンド・ビートと呼ぶイベントにゲストが参加することでクルーと一緒に創るエンターテイメント・ショーが開発された。

(4) 顧客の価値

　意志の強いゲストは，友達のように接して一緒に楽しむクルーに感動して帰る。意志の弱いゲストもポジティブ・インターアクションを体験することで，友達のようなクルーに心を開き一緒に楽しむようになることもあるそうだ。満足した顧客は，楽しい思い出やクルーと一緒に撮影した思い出の写真をSNSで発信する。帰宅後にゲストが友人などとのコミュニティで自慢することも顧客視点での価値である。したがって，顧客の利用・消費段階の価値は帰宅後も創造される。

(5) 企業の価値

　企業の最終的な価値は，戦略の実行による入場者数のアップや利益の拡大である。当時のUSJには，将来に向けて大きなアトラクション投資をする余裕がなかった。開園10周年のイベントは，2011年に発生した震災の1週間前にスタートしている。しかし，この年に新たな戦略で実施したハロウィーン・ホラー・ナイトの成功が自信に繋がり，ポジティブ・インターアクションを力強く推進する原動力となった。ポジティブ・インターアクションの成功が，2014年のハリーポッター・エリアの巨額投資を可能にして見事な復活に結実した。

第3節　考　　察

1. 組織運営の変化

　USJは，ゲストとのエモーショナル・コネクションの構築を目的としたポ

ジティブ・インターアクションを促進している。ポジティブ・インターアクションはマニュアルがなく，クルーの自由な発想や方法でゲストに接することを奨励する。クルー自身がゲストとのパーク体験を楽しむことで，パーソナル，エモーショナルなコネクションの構築を目指す。

　USJ はこれまでの志向論から起点論への変更を促進するために，マジカル・モーメント・ストーリーとして毎週金曜日，社内に向けて成功事例を発表している。志向論の時の USJ はゲストがエンターテイメント施設で楽しんで帰るので，不用意にクルーがゲストと接することをしないようにしていた。戦略を転換するまでの USJ は，アトラクションを操作するクルーが待ち時間の顧客に対して必要以上のアプローチはしなかった。彼らのマニュアル上の優先課題は，時間通りに正確にアトラクションを操作することであったからだ。したがって，アイドルタイムは顧客と離れた場所で待機するのが当たり前であった。今は，そのアイドルタイムを使ってポジティブ・インターアクションを実施している。管理者は，クルーが意志の弱い分類の顧客に相互作用をして仮に顧客の不満になっても叱ることはない。

　USJ は，効率担当の責任者を配置している。責任者は積極的に効率化を目指す不断の努力が背景になければ，ポジティブ・インターアクションの意図は達成できないと考えている。アトラクションの操作は，効率化を追求すると必ずアイドルタイムが発生する。今まで，その時間を活用すれば何かできると考えていたが言い出せない雰囲気が社内にあったそうだ。現在のトップ・マネジメントは，マニュアルに拘束されない日本人のきめ細かい接客や臨機応変のサービス対応のオープンでフランクなコミュニケーションを求めている。今までは 10 人に対して 1 つの方法で対応したが，今は 10 人に対して 10 の方法で対応する。USJ は，トップが考えるホスピタリティを表す言葉をクルーに伝えるためにポジティブ・インターアクションの用語を社内では使用しているそうだ。

2. サービスのロジックで考察

(1) 生産から利用・消費領域での価値共創へ

これまでのUSJのマーケティング戦略は，志向論中心のグッズのロジックで編成されてきた。したがって，サービス業であり顧客と直接的な相互作用の場がありながらそれを積極的に活用する戦略ではなかった。

Grönroos [2013] は，価値共創領域を直接的に相互作用するジョイント領域として示した（図表13-1）。顧客の消費プロセスで企業が実施するマーケティングは，ジョイント領域を右側に拡大して顧客領域の独立的な価値創造を共創へマーケティングの射程を拡大することになる。サービス業において価値共創を戦略として採用する場合は，積極的にジョイント領域での直接的相互作用を通して顧客領域に入り込むことが重要となる。価値共創戦略の意志の強い企業が，積極的に顧客領域に関わることで，伝統的マーケティングが対象とした範

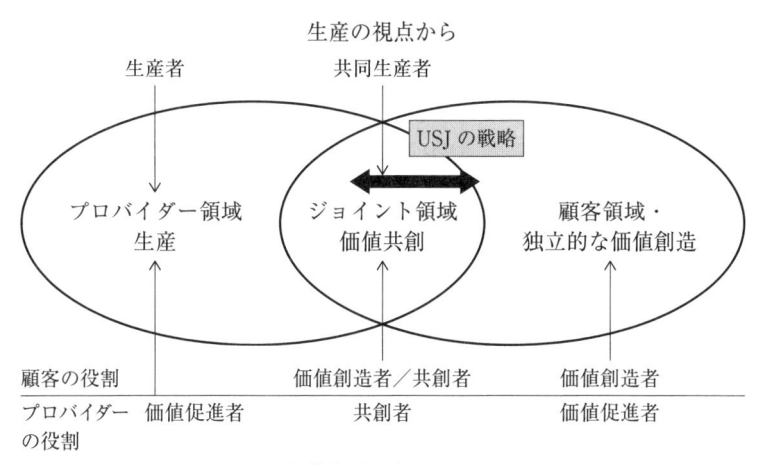

図表13-1　USJの価値創造領域

生産の視点から

	生産者	共同生産者	
	プロバイダー領域 生産	ジョイント領域 価値共創	顧客領域・ 独立的な価値創造
顧客の役割		価値創造者／共創者	価値創造者
プロバイダーの役割	価値促進者	共創者	価値促進者

（USJの戦略）

価値創造の視点から

出所：Grönroos and Voima [2013] p.141 をもとに筆者作成。

囲の外に目を向けることになり，ここに新たなマーケティングの役割が見出される。

USJ はクルーとゲストの関係を，パートナーとして位置付ける。伝統的なへつらうような日本の接客の態度とは違いオープンでフランクな態度である。パートナーとは利用・消費世界でゲストの価値を一緒に創造する役割を意味する。価値を決めるのはゲストであり，一方的にクルーがマニュアルに基づいたサービス提供をするのではない。クルーがパーク内で積極的にゲストに関わることだけでなく USJ から帰宅後に継続的な関わりを続ける長期的な戦略が必要である。

そのことは，USJ の入園料の価格体系に表れている。USJ は多様なタイプの入場券を販売している。例えば一日入場券は大人税込 7,200 円，子供税込 4,980 円である。年間パスは大人税込 19,800 円，子供税込 13,800 円である（2015 年 12 月時点）。年間パスは 3 回来園すると一回ずつ購入するよりも割安となるように設計され，長期的な関係を目指して繰り返し継続的に来園したくなるようなインセンティブが働く仕掛けである。関係性マーケティングは，短期的な取引の繰り返しを前提とした長期的な取引関係を重視する考え方や企業の利益のために顧客との長期的な関係を意図する考え方など多様である。USJ の目指す関係性は，長期的な期間を前提とした顧客の利用・消費段階の価値共創を目指すところに独自性がある。

(2) オペラントとしての従業員の捉え方

経営学の組織運営は，企業の価値実現のために管理可能な資源の活用を前提として構築されることが多い。マーケティングの対象が顧客領域で実施される価値創造まで伸びるのであれば，直接的な相互作用に関わるサービス・エンカウンターの社員は，顧客の価値創造のためのオペラントな主体として捉えることが必要である。それでは，企業の管理者は，離れた場所で顧客のために仕事をするクルーとどのような関係になるのであろうか。

USJ は，志向論の時は従業員をオペランドとして捉えていたことが窺える。USJ がクルーに対して求めたことは，事前に決めたことの正確な再現であっ

た。そこでは，必要以上のクルーとゲストの接触は避けるようになっていて，マニュアル通りに実行することが評価された。

　これに対して現在は，顧客に感動を与えることを組織全体で目指して，クルーはゲストと一緒に楽しむことが奨励される。顧客接点の場に位置しているクルーがポジティブ・インターアクションで，顧客の価値創造の支援のために自ら主体的に判断して行動する。USJはクルーに対しては生産性と効率を最重視する方針から転換して，顧客の感動とその実現のための行動を合わせて奨励している。

　管理者とクルーを結び付ける絆は，顧客起点の価値共創の理念である。理念の推進のために管理者は，顧客領域のクルーの活動をオペラントな存在として委ねる。管理者は，顧客の価値を実現したクルーを評価して報償を与える制度を設計する。管理者は，クルーが積極的にポジティブ・インターアクションを実施できるような多様な教育・訓練の場を提供している。例えば，社外からエンターテイメントの講師を招聘して，自主参加の研修を定期的に開催している。

(3) 理念を浸透させる組織運営能力

　これまでのマニュアル主義の運営からの変化に伴い，USJはクルーのパフォーマンスを評価するシステムを変更した。USJは，定期的にモニタリングを実施してクルーの評価を実施している。それに加えてミステリーショッパー（覆面調査員）によるシステムを導入した。USJは，これらのシステムを用いて効率面と効果面の両方でクルーを評価する。

　したがって，村松[2015]が提示する顧客の意志と能力と同様のことがクルーにも適応される。ただし，クルーである以上，理念は共有する必要があるので意志が欠ける場合はクルーの適性か理念の浸透システムに課題がある。マーケティングの視点で組織運営を捉えると理念のもとに，管理者と社員はベクトルや価値観を共有する。リーダーとしての管理者が，社員をオペラントとして捉えて行動を積極的に支援することで，個としての社員の行動が組織と相互作用しながら浸透する。これらを仕組みとして支えるのが人事評価制度であり，理

念のもとに行動する個人を支える組織能力である。

第4節　おわりに

1. インプリケーション

　本章は，テーマパークの事例を採用してサービスのロジックに基づく組織運営について考察した。USJは，戦略の転換に伴い組織運営の仕組みや手法が大きく変化したことが導出できた。クルーをオペラントとして捉え積極的に顧客領域で相互作用するためには，戦略と同時に組織運営手法を大きく転換する必要があることがわかった。具体的には，理念を組織に浸透するための仕組みや理念の浸透と連動した人事制度と組織運営である。管理者は，価値共創を推進するために環境整備を率先して実施することで，理念を具現化する原動力となっている。

2. 残された課題と展望

(1) 報酬システムの内在化の考察

　村松[2015b]は「共創された価値に対する判断はあくまで顧客が行う・・・価値共創に見合った報酬を企業が受け取る仕組み，言い換えれば，価値共創における等価交換を新たに考えることが不可欠となっている」と課題を提示する(140頁)。マーケティング研究が市場での取引，交換を対象として企業経営に貢献することが目的である以上，この提示された課題を考察して概念化を進展する必要がある。

　サービスのロジックで想定する価値共創は，顧客の生活世界での長期的な関係を前提とした考え方である。したがって，一回限りの短期取引の繰り返しと

して区切って企業が獲得する利益を考察することよりも長いスパンで検討する方が妥当である。年間入場券を安く設定することで直接的な相互作用の場が設定され，年間パスのメリットが経済的な安さだけの評価から顧客の精神的な価値創造へと変化する。価格以上の価値を感じる顧客は，長期的な関係や口コミなどを積極的に実施するであろう。

　小売業のPOSデータによる一定の期間の買上高で顧客を10段階に分けるデシル分析から，売上高上位30％（デシル1からデシル3まで）程度の顧客の利益が全体利益の約70％を占めることがわかっている。したがって，USJの場合は価値共創戦略が企業の収益に結び付くことは仮説として導出できる。また，上位客が発信するSNSなどでの口コミ効果は広告宣伝活動としても試算することが可能であろう。今後，このような視点からも村松が提示する報酬システムの内在化の課題に取り組んでいく必要がある。

(2) 効率と効果の関係

　USJの事例からわかったことは設定した効率の指標をマニュアルのサービス品質で乗り越えた後に，アイドルタイムで効果を目指していることである。すなわち，マニュアルで決められた方法で確実に正確に実施できることが前提である。また，マニュアルの基本行動ができる社員は効果的なポジティブインタラクションをすることが可能である。したがって，効率と効果が両立できるのは意志と能力の高い社員である。

　製造業と志向論のサービス業が採用する効率重視は，専門家が事前に調査や考察をして効果的であろうと決めた価値を前提とする。あらかじめ企業が決めた価値を製造業は工場，サービス業は相互作用の現場で再現する。起点論のUSJはマニュアルの基準による効率アップや精度アップを土台として，その上に効果的な取組みを奨励している。そして，効率と効果の両面で評価する人事システムを内在化させていった。企業がサービスのロジックで顧客の利用・消費段階での直接的相互作用を重視する場合，効率と効果との関係をどのように捉えて評価システムを構築するのが妥当かは今後の課題である。

(3) マーケティング戦略研究の射程の拡大

　製造業の視点が強い経営学が主役の価値創造は，生産段階までの価値に向けた考察が中心である。日本の製造業は，マーケティング調査や製品開発などを専門的な社員を意味するフルタイム・マーケターが事前に担うことが多い。また，サービス業でも大半の企業が生産段階までの価値共創に留まっている。これから，顧客との接点を生業としてもつサービス業は，サービスのロジックによる顧客領域における価値共創にも力を入れることが重要な戦略になる。

　そして，サービス業はマニュアルに基づいて不特定多数の顧客を対象とするグッズのロジックによる戦略と顧客領域で顧客との価値共創を戦略とする企業に分かれると考えられる。サービスのロジックでの組織運営については，インターナル・マーケティングだけでなくオペラントとして社員を捉える価値観での人的資源管理理論や顧客第一の理念を浸透させる組織運営研究との接続が必要である。マーケティングは，顧客領域での価値共創がどのような企業システムで実現可能なのかについて研究を進展させることが課題である。

（藤岡　芳郎）

第 14 章

消費者の使用文脈に関する探索的研究
―ミニバンを使用するファミリーの事例から―

第1節　はじめに

1. 問題と目的

　近年，財と貨幣の交換後の世界におけるマーケティングの研究が活発化している。いわゆる，価値共創マーケティング（value co-creation marketing）の研究である。この潮流の中で，2015 年，我が国で村松潤一編著の学術書『価値共創とマーケティング論』が刊行された。同書では，価値共創マーケティング（新しいマーケティング）における研究・理論・実践領域が明示されている[1]。

　価値共創マーケティングの実践に関して，村松 [2015b] は，「新しいマーケティングにとって重要なことは，リアルだろうがネットだろうが，すべての企業が為すべきことは，第一に，顧客との接点（contact）を構築することである。価値共創はまずはそこから始まる（145 頁）」と指摘する。したがって，価値共創マーケティングの研究は，研究課題①「消費プロセスにおける顧客の消費行動」を解明することがその純粋な出発点となる。

とはいえ，「消費プロセスにおける顧客の消費行動」と一口に言っても，それは顧客（消費者）の消費生活全般にわたるものであることから，研究の対象範囲は非常に幅広い。そこで，まずは，財が使用される地理的なシチュエーションに着目し，価値共創の舞台となり得る消費者の使用文脈（use-contexts）を探索的に見出すことを本研究の目的としたい。

本研究のリサーチクエスチョン（research question）は，以下の通りである。
RQ：「消費者はどのような文脈で財を使用しているのか？」

2. 事例の選定

我が国の経済において，長年重要な位置を占めている基幹産業の1つに自動車産業がある。一般社団法人日本自動車工業会によれば，我が国は，主要車種である①乗用車，②トラック，③バスの中で，乗用車が最も多く生産されている。この乗用車は，普通車，小型四輪車，軽四輪車の3車種に分けられる。その中でも，近年，最も生産台数が多いのは普通車である[2]。

普通車は，一般的にセダン，スペシャリティ，コンパクト，ワゴン＆2ボックス，スポーツユーティリティビーグル，ミニバンの6車種にさらに分けられる。その中でも，近年，人気のある車種の1つがミニバン（minivan）である。一般社団法人日本自動車販売協会連合会が発表した2015年3月〜4月の新車乗用車販売台数のランキングでは，トヨタのヴォクシーが4位，同じくトヨタのノアが9位，そして，日産のセレナが10位となっており，トップ10の中にミニバンが3車もランクインしている[3]。このような箱型でビッグサイズの車種は，ファミリーユーザーを中心に人気を集めていると言う[4]。

しかしながら，現状では，我々が確認できるデータはここまでの段階である。すなわち，ミニバンの販売・購入の段階までである。したがって，近年，我が国で人気のあるミニバンをファミリーがどのような文脈で使用しているのかに関しては，ブラックボックスの状態である。そこで，本研究は，この「ミニバンを使用するファミリー」の事例を取り上げて検討を試みることにしたい。

3. 研究アプローチの選定

　本研究は，これまでには十分に明らかにされていない問題を扱っている。そのため，仮説的知見として，多くの発見事実を抽出していく必要がある。また，財が消費者特有の文脈の中で使用されるという点を踏まえると，彼・彼女らの経験データに密着し，浮上する発見事実を基に，まずは，特定領域のレベルから理解していく専門的な理論を生成する必要があると考える。

　そこで，本研究は，このような状況下で有効的なM-GTA（modified-grounded theory approach）の考え方を採用することにした。M-GTAとは，Glaser and Strause [1967][1996] によって提唱されたGTA（grounded theory approach）に対し，木下 [1999] が分析方法を簡便かつ明確に修正した解釈的アプローチである。具体的には，現象に関わる事柄をデータの文脈（context）に密着した形から読み取り，理論的飽和化の状態になるまで解釈的に概念やカテゴリーを生成し，grounded on data の原則を貫きながら，とりわけ限定された範囲内における説明力に優れた理論を生成させていくものである。ゆえに，データの文脈を細かく切片化する他の研究アプローチとは異なる。

　他の研究アプローチの多くは，調査協力者と研究者のインタラクティブな関係（データの収集段階）からデータと研究者のインタラクティブな関係（データの分析段階）までを主な研究範囲として捉える。これに対して，M-GTAでは，もう一歩先の段階（分析結果の応用段階：研究者と応用者のインタラクティブな関係）まで踏み込んで捉える。なぜならば，M-GTAから生成される理論は，最終的に応用実践の場において，修正・拡張されていくプロセスとしての理論だからである（木下 [2014]）。この点に関しては，従来のGTAの捉え方と若干認識が異なる点である。いずれにせよ，M-GTAが他の研究アプローチよりも現実世界により密着したものであることには違いないと言えるだろう。

　以上のような特徴を有するM-GTAは，本研究で設定したRQを明らかにしていく上で，適切な研究アプローチであると考えられる。そこで，本研究は，事例によって導き出された発見事実から，理論を生成・修正・拡張させていく

ことで結果の一般化を目指す分析的一般化 (analytic generalization) の観点に立脚する。ゆえに，本研究で取り上げる事例の特殊性は，研究上あまり大きな問題にはならないと考える。

4. 調査の手続き

本研究の調査協力者は，国産自動車のミニバンを使用する12組（A〜L組）のファミリーである。調査方法は，調査協力者の体験を深く理解するために半構造化面接を行い，調査協力者にはミニバン購入後の体験談等を自由に語ってもらった。調査協力者の発言は，事前に了承を得て，ICレコーダーと筆記によって記録した。面接の所要時間は，1組平均120分であった。

5. 分析の手続き

半構造化面接によって得られた発言内容を文書化し，M-GTAによる分析を行った[5]。分析にあたっては，解釈的アプローチに関する知識と経験が豊富な研究者3名および実務家1名の計4名からスーパーバイズを受けることで，データの解釈が恣意的にならないように配慮した。分析テーマは，「ファミリーがミニバンを使用する地理的なシチュエーション」，分析焦点者は，「ミニバンを使用するファミリー」である。

具体的に，本分析は，以下のような手順によって行われた。

① 分析テーマに関するデータを重点的に読み込み，その中からヴァリエーション（説明概念）を抽出した。
② 抽出したヴァリエーションを基に，概念名と定義を設定し，解釈記録を残しながら概念 (concept) を生成した。
③ 新たに概念生成する作業と同時進行で，ヴァリエーションを順次追加する作業を行い，状況次第では概念名と定義に修正を加え，概念の収束化を進めた。
④ 新たな概念が生成されず，概念名と定義が確定された段階で，その概念

図表 14-1　分析ワークシートのフォーマット

概念名	………………………
定　義	………………………
ヴァリエーション	・……………………… 　……………………… ・……………………… 　………………………

（追加記入）

理論的メモ	・……………… ・………………

出所：木下 [2003] [2007] を基に筆者作成。

が理論的飽和化されたと判断した[6]。

⑤　生成された概念間の関連性を解釈的に分析し，複数の概念からなるカテゴリー（category）およびカテゴリーグループ（category group）を生成した。

⑥　生成されたカテゴリー間の関連性を解釈的に分析し，最後にそれらを結果図にまとめた。

なお，概念を生成する際は，「概念名」，「定義」，「ヴァリエーション」，「理論的メモ」を記述する分析ワークシート（木下 [2003] [2007]）を参考にした（図表 14-1）。

第2節　事例研究

M-GTA による分析の結果，分析テーマに関する 15 概念，2 カテゴリー，1 カテゴリーグループが生成され，理論的飽和化に達したと判断した（図表 14-2）。なお，本章では，カテゴリーグループは〖　〗，カテゴリーは【　】，概念

は［　］，調査協力者の発言は" "と記す。

　まず，【平日の使用文脈】は，5概念で構成された。具体的には，［病院］，［会社］，［スーパーマーケット］，［保育園・幼稚園］，［クラブの練習会場］の5概念である。【平日の使用文脈】における概念間の関連性に関して分析した結果，［スーパーマーケット］は，他のすべての使用文脈（［病院］，［会社］，［保育園・幼稚園］，［クラブの練習会場］）と関連している可能性があることを確認した（図表14-3）。調査協力者の発言は，例えば，以下のようなものが得られた。

　G組"平日は，私が車を使います。…（中略）…平日は，スーパーと病院を行き来する時に使います（妻）。"

　I組"平日は，ほぼ100％私が仕事で使っています。「帰りに何か買ってきて」と言われたらスーパーで買って帰ります（夫）。…（中略）…主人が飲む日は車を置いて行くので，そういう時に，私が子供を乗せてスーパーへ買い物に行ったりします（妻）。"

　B組"平日は，ほとんど私が乗っています。子供の幼稚園の送り迎えと買い物に使っています。朝の9時までに幼稚園へ送りに行って，そのままスーパーに行って，14時に幼稚園へ迎えに行って，そのまま帰ります。…（中略）…上の子は，もう一つ習い事をしていて，それが真ん中の子の体操と重なっているので，（私の）母が迎えに行って家で一緒に待っていてくれます。その後，時々一緒に買い物に行ったりもします（妻）。"

　一方，【休日の使用文脈】は，10概念で構成された。具体的には，［洗車・清掃］，［キャンプ場］，［海水浴場］，［墓場］，［ショッピングセンター］，［実家］，［飲食店］，［家族旅行］，［遊園地］，［クラブの試合会場］の10概念である。【休日の使用文脈】における概念間の関連性に関して分析した結果，［実家］は，［墓場］，［ショッピングセンター］，［飲食店］，［家族旅行］と関連している可能性があることを確認した。調査協力者の発言は，例えば，以下のようなものが得られた。

　E組"全く別の場所に引っ越したので墓参りくらいかな，実家に帰っておばあちゃんと一緒に行くのは（妻）。"

図表14-2 本事例における消費者の使用文脈

カテゴリーグループ	カテゴリー	#	概念
使用文脈	平日の使用文脈	1	病院
		2	会社
		3	スーパーマーケット
		4	保育園・幼稚園
		5	クラブの練習会場
	休日の使用文脈	6	洗車・清掃
		7	キャンプ場
		8	海水浴場
		9	ショッピングセンター
		10	墓場
		11	実家
		12	飲食店
		13	家族旅行
		14	遊園地
		15	クラブの試合会場

出所：筆者作成。

図表14-3 平日の使用文脈における概念間の関連性

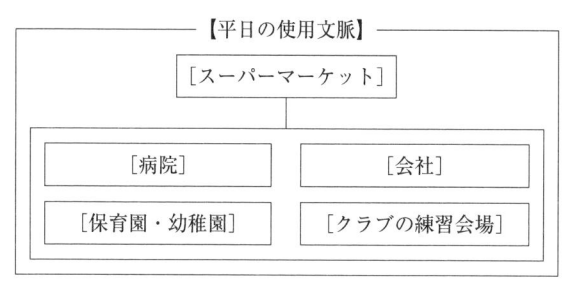

【平日の使用文脈】
　［スーパーマーケット］
　　［病院］　　［会社］
　　［保育園・幼稚園］　［クラブの練習会場］

出所：筆者作成。

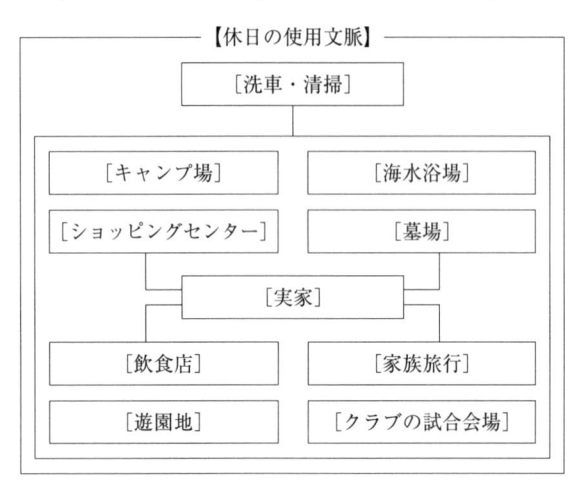

図表 14-4　休日の使用文脈における概念間の関連性

```
┌─【休日の使用文脈】────────────────────┐
│         ［洗車・清掃］                    │
│  ┌─────────────────────────────────┐  │
│  │ ［キャンプ場］        ［海水浴場］    │  │
│  │ ［ショッピングセンター］  ［墓場］    │  │
│  │         ［実家］                   │  │
│  │ ［飲食店］           ［家族旅行］    │  │
│  │ ［遊園地］        ［クラブの試合会場］ │  │
│  └─────────────────────────────────┘  │
└──────────────────────────────────────┘
```

出所：筆者作成。

C組 "両親は，車を持っていないから，買い物へ行く時に「乗せて」と言われます。月に1〜2回，実家に戻って一緒に買い物へ行きます。土日のどちらかです（夫）。…（中略）…休日は，スーパーというか，ゆめタウンのようなちょっと大きなところに行きます（妻）。"

J組 "私の方の実家です。実家に帰ると「ご飯食べに行こうか」ということになるので，家族4人と両親を乗せて6人で食べに行く感じですね（夫）。"

C組 "（ミニバンに）乗り換えてから行くようになりました。お母さんが出たがりなので（妻）。母に「ちょっと旅行に行こうよ」とかよく言われます（夫）。（母に）「どこか連れて行って」と言われるから，帰省時はお母さんを乗せて，日帰りや一泊でいろいろな所に行っています（妻）。"

そして，［洗車・清掃］は，他のすべての使用文脈（［キャンプ場］，［海水浴場］，［ショッピングセンター］，［墓場］，［実家］，［飲食店］，［家族旅行］，［遊園地］，［クラブの試合会場］）と関連している可能性があることを確認した（図表14-4）。調査協力者の発言は，例えば，以下のようなものが得られた。

D組 "主人は，いつも乗り終えたらすぐに掃除をするタイプです。私はあ

まりしませんが（妻）。そんなにたいしたことはしてないですよ。…（中略）…実家に帰って天気が良い時は自分で洗っています。でも，車高が高いから上（車の天井）は脚立がないと洗えないですね（夫）。"

　最後に，『使用文脈』におけるカテゴリー間の関連性に関して分析したところ，【平日の使用文脈】と【休日の使用文脈】では，消費者の生活様式が大きく異なっていることから，両者のカテゴリー間に関連性を見出すことはできなかった。

第3節　考　　察

　前節で示した通り，本研究では，消費者の使用文脈に関する15概念（［病院］，［会社］，［スーパーマーケット］，［保育園・幼稚園］，［クラブの練習会場］，［洗車・清掃］，［キャンプ場］，［海水浴場］，［墓場］，［ショッピングセンター］，［実家］，［飲食店］，［家族旅行］，［遊園地］，［クラブの試合会場］），2カテゴリー（【平日の使用文脈】，【休日の使用文脈】），1カテゴリーグループ（『使用文脈』）が生成された。この結果は，財を使用する文脈が複数存在するという点およびその使用文脈には典型的なものが存在するという点を示している。これらは，従来の研究では十分に明らかにされていなかった点であり，本研究で設定したRQに対する回答になると考える。

　『使用文脈』のカテゴリー内の概念間の関連性に関して，図表14-3の【平日の使用文脈】内では，［スーパーマーケット］が他のすべての使用文脈（［病院］，［会社］，［保育園・幼稚園］，［クラブの練習会場］）と関連している可能性があることを見出した。それは，夫中心にミニバンを使用する場合も妻中心にミニバンを使用する場合も同じような結果が得られた。このことから，スーパーマーケットでの買い物は，ファミリーの平日生活において，必要不可欠な日課であり，他の文脈を支える土台のようなものなのかもしれない。

　他方，ミニバンが保育園や幼稚園の送迎時あるいはクラブ活動の送迎時に使用されているという結果が得られたのは興味深い。この結果は，ミニバンを使

用する文脈が「子供」の生活事情と深く関わっていることを示唆している。本研究の調査協力者は，主に小学生以下の子供がいるファミリーであった。そのため，このような文脈で使用されているのであろう。今後は，子供のライフステージごとに，どのような文脈でミニバンが使用されているのかに関しても詳しく調査・分析する必要がある。

　図表14-4の【休日の使用文脈】内の概念間の関連性に関しては，［実家］が［墓場］，［ショッピングセンター］，［飲食店］，［家族旅行］と関連している可能性があることを見出した。すなわち，ファミリーは実家を経由して，祖父母と一緒に買い物や食事，旅行，墓参りへ出掛けているということである。夫や妻は，親孝行をするために子供を連れて実家へ帰省し，祖父母と一緒に楽しめるイベントに使っているのであろう。しかし，これから子供が中学生→高校生→大学生へと進んでいっても，果たして今回のような同じ結果が得られるだろうか。これに関しても，先で述べたように，今後，詳しく調査・分析する必要がある。

　加えて，本カテゴリー内では，［洗車・清掃］が他のすべての使用文脈（［キャンプ場］，［海水浴場］，［ショッピングセンター］，［墓場］，［実家］，［飲食店］，［家族旅行］，［遊園地］，［クラブの試合会場］）と関連している可能性があることも見出した。このことから，ミニバンの洗車や清掃は，ファミリーの休日生活において，基本的な日課であり，他の文脈を充実させる土台のようなものなのかもしれない。しかし，この［洗車・清掃］は，一部で「自分達で行うのは面倒臭い」等のネガティブな発言も得られた（例えば，F組 "*車内の清掃や洗車はすごく面倒ですね。…（中略）…ガソリンスタンドに行った時に自分で拭くか，点検の時に綺麗にしてもらっています（夫）。*"）。今後，企業は，このような消費者も存在するということを改めて念頭に置く必要がある。そして，実際に使用する彼・彼女らの負担を軽減させるためのより良いサービスの開発・供給を今一度検討してみる必要があるだろう。

　いずれにせよ，本研究では，消費者の使用文脈を単に見出しただけではなく，それぞれの使用文脈が細かいレベルで関連している可能性があることも見出した。そこから言えるのは，特定の生活様式（平日生活あるいは休日生活）

において，消費者の使用文脈が時間の経過とともにダイナミックに変化する可能性があるということである。

第4節　おわりに

本研究は，財が使用される地理的なシチュエーションに着目し，価値共創の舞台となり得る消費者の使用文脈を探索的に検討した。M-GTAによる分析の結果，消費者の使用文脈に関する15概念，2カテゴリー，1カテゴリーグループが生成され，それぞれの概念が関連する可能性があることも確認された。

1. 本研究のインプリケーション

まず，学術的インプリケーションは，消費者の使用文脈を経験的なアプローチによって確認したことに尽きる。これは，従来の研究では理論的なアプローチに偏重していたがゆえに，厳密に確認されてこなかった点である。

本研究は，主に以下の点を確認することができた。

▶消費者の使用文脈は複数存在する。

▶その使用文脈にはいくつかの典型的なものが存在する。

▶生活様式によって使用文脈が時間の経過とともにダイナミックに変化する。

以上の点は，特定領域に密着した形から得られたものではあるが，複雑な消費現象をより鮮明に描写する手がかりになるという点で，村松[2015]の示す価値共創マーケティングの研究課題①の解決に向けて，多少なりとも貢献するものであると考える。

次に，実務的インプリケーションは，企業が消費者の使用文脈の中で，実際に何ができるのかを十分に検討する必要があるという点である。価値共創の考え方では，企業は，消費者の消費プロセスにおいて，直接的な相互作用に基づくマーケティングを実行することが求められる。したがって，企業は，消費者

との直接的な接点を持ち，自社のコンピタンス（ナレッジやスキル）を上手く適用していく活動に取り組まなければならない。本研究では，その舞台となり得る消費者の使用文脈に関して検討・確認したが，企業は，こうした文脈の中で，実際に財を使用する彼・彼女らに対して，どのように歩み寄り，どのようなコンピタンスを適用すべきかを常に考えることが重要である。

2. 本研究の今後の課題

本研究に残された今後の課題は，2点ある。

1点目は，分析結果の応用段階に踏み込むことである。繰り返しになるが，本研究が採用したM-GTAは，本来，①データの収集段階→②データの分析段階→③分析結果の応用段階からなる。それは，M-GTAから生成される理論が，最終的に応用実践の場において，応用者とのインタラクティブな関係によって精緻化されていくプロセスとしての理論だからである。この上で，本研究は，現在，第2段階に留まっている。ゆえに，本研究で得られた知見は，まだまだ未熟なものと言える。今後は，そのような現場において，本知見の修正および拡張を図る必要があるだろう。

2点目は，他の事例も検討することである。本研究は，ミニバンを使用するファミリーの事例を取り上げて検討したが，他の事例に関しては検討していない。それは，本研究が特定領域に密着した形での検討であったためであるが，購買後の世界を十分に描写していくためには，今後は，対象領域をさらに広げて検討し，各領域における専門的な理論を生成していく必要がある。その際，国際的な調査・分析を通じて，各国の文化的特徴を確認する作業は，よりリアリティ感のある理論にしていく上で重要になるだろう。

（注）
1) 村松[2015b]は，価値共創マーケティングにおける4つの研究課題および，「4Cアプローチ」を示している。
2) 一般社団法人日本自動車工業会 HP
〈http://www.jama.or.jp/industry/four_wheeled/four_wheeled_1t1.html〉。

3) 一般社団法人日本自動車販売協会連合会 HP
⟨http://www.jada.or.jp/contents/data/ranking.html⟩。
4) 日本経済新聞 HP
⟨http://www.nikkei.com/article/DGXNASFK2402O_U4A420C1000000/⟩。
5) M-GTA の分析にあたっては，ドイツ VERBI-Software 社製 QDA ソフトウェアの MAXQDA を活用した。
6) GTA で論じられる「理論的飽和」の状態は，理想形ではあるが，現実的には不可能といっても過言ではない。M-GTA は，その難しさを認めた上で，分析による完成状態を「理論的飽和化」という用語で表現している。したがって，本研究も M-GTA の考え方に沿って，その用語を用いることにする。

(西　宏樹)

〈参考文献一覧〉

〈日本語文献〉
石崎　徹 [1997]「購買後における広告の役割に関する一考察」『早稲田商学』第 373 号，87-117 頁。
井上崇通・村松潤一編著 [2010]『サービス・ドミナント・ロジック―マーケティング研究への新たな視座』同文舘出版。
今村一真 [2015]「経営学領域における価値共創研究―Prahalad and Ramaswamy の所論と PSS 研究―」，村松潤一編著『価値共創とマーケティング論』同文舘出版，101-115 頁。
上田隆穂 [2013]「生活者の希望を生み出す『未来店舗』とは？―コープさっぽろでの実証実験―」，『学習院マネジメントスクール＆コープさっぽろ共同開催シンポジウム (7/23)』。
内田和成・余田拓郎・黒岩健一郎 [2015]『顧客ロイヤリティ戦略：ケースブック』同文舘出版。
奥井俊史 [2008]『巨像に勝ったハーレーダビッドソンジャパンの信念』丸善。
大藪　亮 [2015]「サービス・ドミナント・ロジックと価値共創」，村松潤一編著『価値共創とマーケティング論』同文舘出版，54-69 頁。
角忠夫・北谷泰一郎・幡野一尋・福田一成 [2010]「製造業のサービス化事例と成功要因」，小坂満隆・角忠夫編著『「産業のサービス化論」へのアプローチ』社会評論社，57-92 頁。
木下康仁 [1999]『グラウンデッド・セオリー・アプローチ―質的実証研究の再生―』弘文堂。
木下康仁 [2003]『グラウンデッド・セオリー・アプローチの実践―質的研究への誘い―』弘文堂。
木下康仁 [2007]『ライブ講義 M-GTA―実践的質的研究法　修正版グラウンデッド・セオリー・アプローチのすべて―』弘文堂。
木下康仁 [2014]『Library of Contemporary Sociology 17 グラウンデッド・セオリー論』弘文堂。
斎藤清二 [2014]『関係性の医療学―ナラティブ・ベイスト・メディスン論考』遠見書房。
坂原　茂 [2007]『日常言語の推論（新装版）』東京大学出版会。
佐藤信之 [2004]「地方の鉄道路線を支える―コスト・サービスと公民の連携」鉄道ジャーナル社編『鉄道ジャーナル』通巻 454 号，24-33 頁。
佐藤保久 [2008]「金融自由化と保険業界」『保険学雑誌』No.600，65-84 頁。
嶋田郁美 [2008]『ローカル線ガールズ』メディアファクトリー。
島田陽介 [2014]『販売革新』10 月号，26-31 頁。
島田陽介 [2015]『流通業の「選択」』商業界。
鈴木文彦 [2002]「第三セクター化で再起を図る京福電気鉄道越前線」鉄道ジャーナル社編

『鉄道ジャーナル』通巻 428 号，76-82 頁。
清野 聡 [2015]「製造業の価値共創とマーケティング」，村松潤一編著『価値共創とマーケティング論』同文舘出版，205-220 頁。
種村直樹 [1992]「京福電鉄越前線を見る—創立 50 周年に閑散線廃止計画」鉄道ジャーナル社編『鉄道ジャーナル』通巻 313 号，62-71 頁。
張 婧 [2015]「サービス・ロジックとマーケティング研究」，村松潤一編著『価値共創とマーケティング論』同文舘出版，70-86 頁。
鶴 通孝 [2005]「えちぜん鉄道のこれから」鉄道ジャーナル社編『鉄道ジャーナル』通巻 470 号，52-61 頁。
戸谷圭子 [2007]『隠されてきた銀行の真実』ファーストプレス。
中見真也・福岡怜生 [2014]「付加価値型食品 SM におけるフォーマット革新に関する一考察—Yaoko と Hallo-day 店舗調査に基づく—」『日本消費者行動研究学会　第 49 回消費者行動研究コンファレンス　報告要旨集』13-16 頁。
中見真也 [2015]「付加価値創造型食品スーパーにおけるフォーマット革新プロセスの方向性」『JAPAN MARKETING JOURNAL』第 34 巻 4 号（136），153-171 頁。
野口裕二 [2009]『ナラティヴ・アプローチ』勁草書房。
野口裕二 [2012]「現代社会へのナラティヴ・アプローチ」，米村千代・数土直紀編『社会学を問う　規範・理論・実証の緊張関係』勁草書房，3-18 頁。
藤岡芳郎 [2010]「食品小売業における顧客起点とマーケティング」，村松潤一編著『顧客起点のマーケティング・システム』同文舘出版，218-238 頁。
藤岡芳郎 [2014a]「価値共創の企業戦略と組織運営—サービス・ドミナント・ロジックをもとに」『消費経済研究（日本消費経済学会）』第 3 号（通巻第 35 号），131-144 頁。
藤岡芳郎 [2014b]「小売マーケティング研究の新たな視座へ向けた理論研究—価値共創の先行研究の考察から」『大阪産業大学経営論集』第 16 巻第 12 号，1-22 頁。
藤岡芳郎・山口隆久 [2012]「サービス・ドミナント・ロジックの理論化へ向けての一考察」『社会情報研究（岡山理科大学）』第 10 号，1-14 頁。
藤岡芳郎 [2015]「サービス・ドミナント・ロジックとサービス・ロジックの価値共創概念の共通点と相違点」日本マーケティング学会のリサーチ・プロジェクト「価値共創研究会」第 9 回研究会発表資料（大阪産業大学梅田サテライトキャンパス 2015 年 5 月 10 日）。
増田貴司 [2011]「進む「製造業のサービス化」—今，何が起こっているか—」『TRB 産業経済の論点』No.11-03，東レ経済研究所 1-13 頁。
三村優美子 [2014]「現代社会における新しい小売業の役割（特集 超成熟社会における小売りと消費）」『Suruga Institute Report』第 127 号，4-7 頁。
村松潤一 [2009]『コーポレート・マーケティング—市場創造と企業システムの構築』同文舘出版。
村松潤一編著 [2010]『顧客起点のマーケティング・システム』同文舘出版。
村松潤一 [2011]「サービス・ドミナント・ロジックのマーケティング理論構築への示唆」明治大学経営品質科学研究所『経営品質科学の研究—企業活動のクォリティを科学する』中央経済社，229-248 頁。
村松潤一 [2015a]「マーケティング・マネジメントとマーケティング研究」，村松潤一編著『価値共創とマーケティング論』同文舘出版，4-18 頁。
村松潤一 [2015b]「価値共創の論理とマーケティング研究との接続」，村松潤一編著『価値共創とマーケティング論』同文舘出版，129-149 頁。
村松潤一 [2015c]「価値共創型企業システムとマーケティング研究」，村松潤一編『価値共創

とマーケティング論』同文舘出版, 154-170頁。
村松潤一編著 [2015]『価値共創とマーケティング論』同文舘出版。
村松潤一・大藪亮・張婧 [2015a]「サービス業・小売業の価値共創と企業システム」, 村松潤一編著『価値共創とマーケティング論』同文舘出版, 190-204頁。
村松潤一・大藪亮・張婧 [2015b]「サービス業による価値共創型企業システムの構築—島村楽器を事例として—」, 村松潤一編著『価値共創とマーケティング論』同文舘出版, 221-237頁。
村松潤一・藤岡芳郎 [2011]「価値共創型企業システムの概念化へ向けた一考察」『広島大学マネジメント研究』ディスカッションペーパー, 2011-21, 1-16頁。
谷地弘安 [2012]『「コト発想」からの価値づくり—技術者のマーケティング思考—』千倉書房。
楊歓歓 [2015]「建設機械メーカーの国際戦略に関する中泰比較—B to Bにおける対顧客関係の視点から—」『アジア市場経済学会年報』第18号, 125-135頁
吉田實男 [2010]『商家の家訓』清文社。

〈英語文献〉

Ehrlich, D., I. Guttman, P. Schoenbach and J. Mills [1951] "Postdecision Exposure to Relevant In Formation," *Journal of Abnormal and Social Psychology*. Vol.67. pp.382-394.

Glaser, B.G. and A.L. Strauss [1967] *The Discovery of Grounded Theory: Strategies for Qualitative Research*, Chicago: Aldine.（後藤隆・大出春江・水野節夫訳『データ対話型理論の発見—調査からいかに理論をうみだすか—』新曜社, 1996年。）

Grönroos, C. [1989] "Defining Marketing : A Market-Oriented Approach," *European Journal of Marketing*, Vol.23, No.1, pp.52-60.

Grönroos, C. [2006] "Adopting a Service Logic for Marketing," *Marketing Theory*, Vol.6, No.,3, pp.317-333.

Grönroos, C. [2007a] *Service Management and Marketing: Customer Management in Service Competition, 3rd ed.*, John Wiley&Sons,Ltd.（近藤宏一監訳 [2013]『北欧型サービス志向のマネジメント〜競争を生き抜くマーケティングの新潮流』ミネルヴァ書房。）

Grönroos, C. [2007b] *In Search of a New Logic for Marketing;Foundations of Contemporary Theory*,John Wiley&Sons.

Grönroos,C. and P. Voima [2013] "Critical Service Logic : Making Sence of Value Creation and Co-Creation," *Journal of the Academy of Marketing Science*, Vol.41, No2, pp.133-150.

Gummesson, E. [1991] "Marketing Revisited : The Crucial Role of the Part-Time Marketer," *European Journal of Marketing*, Vol.25, No.2, pp.60-67.

Howard, J. A. [1957] *Marketing Management : Analysis and Decision*, Richard D. Irwin.

Kotler, P. [1967] *Marketing Management : Analysis, Planning and Control*, Prentice-Hall, Inc.

Levitt, T. [1960] "Marketing Myopia," *Harvard Business Review*, Vol.38, No.4, pp.45-56.

Mc Carthy, E. J. [1960] *Basic Marketing : A Managerial Approach*, Richard D. Irwin.

Nonaka, I. and H. Takeuchi [1995] *The Knowledge-Creating Company*, Oxford University Press.（野中郁次郎・竹内弘高・梅本勝博訳 [1996]『知識創造企業』東洋経済新報社。）

Vargo, S.L., P.P. Maglio and M.A. Akaka [2008] "On Value and Value Co-Creation: A Service Systems and Service Logic Perspective," *European Management Journal*, Vol.26,No.3,pp.145-152.

Vargo, S.L. and R.F. Lusch [2004] "Evolving to a new Dominant Logic for Marketing,"

Journal of Marketing,Vol.68,No.1,pp.1-7.
Zeynep, T. M. [2012] "Why 'Good Jobs' Are Good for Retailers," *Harvard Business Review*, Vol.90, No.1, pp.124-131.

(その他)
大垣共立銀行『OGAKI KYORITSU TIMES Annual report2011』。
大垣共立銀行 HP 〈https://www.okb.co.jp〉（2015.09.30）。
お多福グループ [2014] お多福グループ社会活動報告書〈http://www.otafuku.co.jp/corporate/report/2014_index.html〉（2015.09.30）。
えちぜん鉄道 HP〈http://www.echizen-tetudo.co.jp/〉（2015.09.30.）。
門脇由美・喜田亜紀子・鈴木久子 [2013]「イギリス，ドイツ，フランスの損害保険市場の動向」『損保ジャパン研究レポート』Vol.62。
「ゴルフで鍛えた決断力通販保険の"風雲児"橋谷有造アメリカンホーム保険社長兼 CEO」〈http://boss.wizbiz.me/document/document1306_01.html〉（2015.09.08.）。
国土交通省 [2012] 地域公共交通の確保・維持・改善に向けた取組マニュアル〈wwwtb.mlit.go.jp/kinki/kansai/program/oo.pdf〉（2015.09.30.）。
sankeiBiz〈http://www.sankeibiz.jp/business/news/130424/bse1304240501000-n1.htm〉（2015.05.15.）。
四国経済産業局　人や地域を大切にした経営を行う企業の先進事例〈www.shikoku.meti.go.jp/soshiki/skh_a3/9.info/company/pdf/jirei/case.pdf〉（2015.09.18.）。
経済産業省ダイバーシティ経営戦略〈http://www.meti.go.jp/policy/economy/jinzai/diversity/kigyo100sen/index.html〉。
「顧客満足上位トップに聞く」『日経ヴェリタス』2014 年 1 月 26 日，63 頁。
「顧客満足度，常に上位」『日経 MJ』2012 年 1 月 6 日，1 頁。
「愛知県信用協会保証付き融資，都銀は減，信金急増―リストラ背景，小口嫌う」『日経金融新聞』1998 年 10 月 7 日，6 頁。
「トヨタビスタ高知，理想へ挑む二世経営者」『日経産業新聞』1983 年 11 月 23 日，9 頁。
「狙え！日本一ディーラー，ホテル並みのサービス」『日経産業新聞』2006 年 6 月 16 日，13 頁。
「第 4 部　地方を興す(4)　頭取はアイデアマン，大垣共立銀行土屋嶢氏，『金融村』より顧客の声，全国初のサービス次々（異端力）終」『日経産業新聞』2015 年 5 月 21 日，20 頁。
「脅威の自律集団，ネッツトヨタ南国」『日経トップリーダー』2015 年 2 月，30-40 頁。
「『顧客幸福』で不況でも売る」『日経ビジネス』2010 年 1 月 25 日，48-50 頁。
「次世代の日本人の 100 人」『日経ビジネス』1998 年 7 月 6 日，160-165 頁。
「社会生産性本部，トヨタビスタ高知「日本経営品質賞」」『日本経済新聞』2002 年 11 月 14 日，12 頁（地方経済面：四国）。
「大垣共立銀行頭取土屋嶢氏，手のひら認証，普及めざす（地域金融列島発）」『日本経済新聞　朝刊』7 頁。
日本損害保険協会 HP〈https://www.sonpo.or.jp/news/file/00954.pdf〉（2015.05.15.）。
ハイサービス企業 300 選，サービス産業生産性協議会〈http://www.service-js.jp/modules/contents/?ACTION=content&content_id=31〉。
福井鉄道福武線活性化連携協議会・えちぜん鉄道活性化連携協議会 [2013] 福井鉄道・えちぜん鉄道　LRT 整備計画について〈www.city.fukui.lg.jp/kurasi/koutu/public/echitetsurennkei11_d/fil/7.pdf〉（2015.9.30.）。
「顧客満足度 No.1 の原動力は「120 分朝礼」にあり―ネッツトヨタ南国」『プレジデント』第

49巻14号，2011年5月2日，26-29頁。
堀田一吉[2008]「保険自由化の評価と消費者利益」（日本保険学会シンポジウム，獨協大学，報告資料）。
森　一彦[2015]「サービス・ファシリテーションとブランド・コミュニティ」（サービス学会，国内大会，金沢，報告資料）。
『読売新聞』1997年9月25日16頁，1998年4月16日14頁，1998年5月8日16頁，1998年12月15日7頁，1999年4月3日34頁。
一般社団法人日本自動車工業会HP〈http://www.jama.or.jp/industry/four_weeleu/four_wheeled_1+1.html〉（2015.09.30.）。
一般社団法人日本自動車販売協会連合会HP〈http://www.jada.or.jp/contents/data/ranking.html〉（2015.09.30.）。
日本経済新聞HP〈http://www.nikkei.com/article/DGXNASFK24020_u4A420C1000000/〉（2015.09.30.）。
ネッツトヨタ南国株式会社会社概要〈http://www.vistanettz.com/recruit/06.html〉（2015.09.18.）。
ネッツトヨタ南国株式会社採用情報〈http://www.vistanet.co.jp/recruit2014/about/index.html〉（2015.09.18.）。

あとがき

　前編著の『価値共創とマーケティング論』で述べたように，本書もまた日本マーケティング学会の価値共創型マーケティング研究会における研究成果である。同研究会は，これまでに14回ほど開催しており，研究者，実務家から多くの関心が寄せられている。

　そこで本書の出版にあたっては，研究会の参加者から広く執筆者を募った。その結果，意欲ある多くの方々から賛同が得られ，様々な産業あるいは業種における顧客の消費プロセスに焦点をあてることができた。そして，価値共創及び価値共創マーケティングを事実として浮き彫りにすることができた。言い換えれば，本書は，これまでの4Psマーケティングではみえなかった世界に光をあてたのであり，マーケティング研究において極めて先駆的なものといえる。そして，プロセスとしてのサービスは，モノのマーケティングが描いた取引の場としての市場ではなく，人びとの日常あるいは生活の場で提供されるのであり，新しいマーケティングのすべてはそこから始まるのである。

　このようにみてくると，価値共創型マーケティング研究会の責務は重大であり，21世紀に相応しい日本発のマーケティングが生み出される日もそれほど遠くはないと考えている。

編　者

索　引

【あ】

与え手 ……………………………………… 4, 9
アフターマーケット …………………… 78
EBM ……………………………… 33, 34, 45, 46
意思の強さ …………………………………… 108
イベント ………………………… 120, 121, 123
インターナル・マーケティング … 60, 100,
　　　　　　　　　　　　　184, 188, 200
インタラクティブ ……………………… 184
インタラクティブ・マーケティング … 188
受け手 ……………………………………… 4, 9
エクスターナル・マーケティング …… 188
NBM ……………………………………… 33, 34, 45
OKB48 …………………………………………… 150
S ロジック …………………………… 1, 2, 4, 5, 6
S-D ロジック ………………… 1, 2, 3, 5, 6, 66
SECI モデル ………………………………… 38〜41
NSC (Neighborhood Shopping Center)
　………………………………………………… 101
オペラント ……………… 3, 181, 197, 198, 200
オペランド ………………………… 181, 196
音楽教室 ………………… 116, 121, 122, 124

【か】

外部統合 ……………………………………… 8
価格コンシャス ………………………… 102
拡張された消費概念 ……………………… 4, 7
仮説検証 ……………………………………… 102
価値共創 ……………… 9, 83, 114, 116, 117,
　　　　　　　　　　123, 124, 126, 157, 169
――の場 ……………………………………… 26
――の範囲 ………………………………… 137
価値共創型企業システム …………… 52, 98

価値共創型小売業 ………………………… 98
価値共創マーケティング ……… 9, 97, 122,
　　　　　　　　　　123, 125, 126, 201
――の関係 ………………………………… 124
価値所与マーケティング ………… 13, 97
価値創造者 ………………………………… 4, 7, 9
価値促進者 …………………………………… 4
価値の疑似体験 ………………………… 138
患者価値創造 ……………… 35, 37, 40, 46
機会収益の逸失 …………………………… 6
機会損失の転嫁 …………………………… 6
企業システム …………………………… 9, 11
共創 (co-creation) …………………… 10
共創プロセス ……… 15, 157, 168, 169, 189
共創領域 ……………………………… 8, 10
――の拡大 ………………………………… 8, 11
共同開発 …………………………………… 7
共同関与 …………………………………… 142
共同選択 …………………………………… 7
金融ビッグバン ………………………… 129
QOL ………………………………………… 33
クッキング・サポートコーナー ……… 98
グッズ ……………………………………… 171
クロスファンクショナル …………… 102
経営・組織文化 …………………………… 98
経営理念 …………………………………… 98
経済システム ………………………… 6, 13
権限移譲 …………………………………… 102
交換価値 …………………………………… 5, 6
小売イノベーション ………………… 103
顧客価値創造 …………………………… 47
顧客参加型製品開発 …………………… 14
顧客視点 …………………………………… 98
顧客接点（Contact）…………… 10, 114,

　　　　　　　　　　　　　　115, 125, 126
　——の場 …………………………………… 97
顧客と企業の物理的距離 ………………… 28
顧客の使用現場 …………………………… 29
顧客目線 …………………………… 143, 152
個店経営 …………………………………… 98
コミュニケーション ……………………… 10
コンタクトセンター ………………… 39, 40

【さ】

サービスシーズ ……………… 3〜6, 8, 13, 171
サービス・エンカウンター …………… 102
サービス・ロジック ……………………… 99
サービスの知覚プロセス ……………… 131
サービスのロジック …………… 171, 182,
　　　　　　　　　　　　　　188, 198〜200
サービス品質 ……………………………… 98
サイロ型組織 …………………………… 102
サンクスポイント・プレゼント ……… 147
三方よしの考え方 ……………………… 105

事業領域 …………………………………… 7
市場創造 ………………………………… 5, 8
島村楽器 ………………… 115, 121, 122, 124, 125
社会システム …………………………… 6, 13
社会的役割 ……………………………… 108
従業員の満足度（モチベーション）
　　　　　　　　　　　　　　……… 100, 108
使用価値 ………………………………… 5, 6
情緒的相互作用 ………………………… 134
消費プロセス … 2, 5, 6, 9, 14, 15, 17, 90,
　　99, 113, 121, 125, 126, 157, 167, 169
情報の逆非対称性 ………………………… 12
情報の非対称性 …………………………… 12
人材教育 ………………………………… 108
信頼関係 ………………………………… 109

垂直的拡張 ……………………………… 7, 8
垂直的顧客システム …………………… 102
水平的拡張 ………………………………… 7

生産と消費の同時性 ……………………… 15
生産プロセス ………………………… 2, 157

製造業のサービス化 ……………………… 20
セルフサービス ………………………… 101
全員参加型 ………………………… 100, 102
漸進的なイノベーション ……………… 102

相互コミュニケーション ………………… 99
相互作用 ………………… 55, 98, 99, 113, 115
　——プロセス ………………………… 119

【た】

ダイナミック・ケイパビリティ ……… 184

地域社会との共生 ………………… 100, 108
チェーン・オペレーション ……………… 98
　——に基づく個店経営 ……………… 100
知識創造 …………………………… 38〜41, 47
直接的な相互作用 …………… 4, 7, 9, 10,
　　　　　　　　　　　　　　17, 121, 125

適正使用情報 …………………… 36, 37, 39, 46
テスティモニアル ……………………… 138
手のひら認証—ピピット ……………… 149
店舗ロイヤルティ ……………………… 106

等価交換 ………………………………… 3, 6
統合 ……………………………………… 5, 8

【な】

内部統合 …………………………………… 8
ナラティブ・アプローチ …… 33, 35, 43, 46
ナレッジとスキル ………………… 2, 21, 108
　——の拡張性 …………………………… 28
　——の把握 ……………………………… 28

人間関係 ………………………………… 87, 88

能力（ナレッジとスキル） …………… 108

【は】

パートタイム・マーケター …………… 60, 182

部門横断的（クロスファンクショナル）
　　　　　　　　　　　　　　………… 102

ブランドへのエンゲージメント 155
フルタイム・マーケター 188, 200
プロセス 3, 4
プロミス 62
文脈価値（value-in-context）.... 5, 6, 10, 15, 91, 97
文脈価値創造 99

報酬授受システム 107
北欧学派 4
ポジショニング 101
ホスピタリティ 183

【ま】

ミールソリューション 98
ミュージックライフ 118, 119, 121, 122, 124

モチベーション 100
モノ .... 3〜6, 8, 13, 15
モノづくり 14

【や】

より良い交換 2, 14
4C アプローチ 10, 20, 125
4C フレーム 67
4C プロセス 97
4Ps 65, 66

【ら】

ライフスタイルアソートメント 101
ライフスタイル商品 106

利他的 89
6 次産業化 105

執筆者紹介（章構成順，2016年3月1日現在，◎は編者）

◎村松　潤一　広島大学大学院社会科学研究科マネジメント専攻教授
　　　　　　　第1章

　清野　　聡　広島大学大学院社会科学研究科マネジメント専攻博士課程後期
　　　　　　　メーカー勤務
　　　　　　　第2章

　佐藤　幸夫　多摩大学医療・介護ソリューション研究所フェロー
　　　　　　　第3章

　菅生　一郎　広島大学大学院社会科学研究科マネジメント専攻博士課程後期
　　　　　　　山陽一酒造株式会社代表取締役
　　　　　　　第4章

　横田伊佐男　横浜国立大学成長戦略研究センター研究員
　　　　　　　CRMダイレクト株式会社代表取締役
　　　　　　　第5章

　奥居　正樹　広島大学大学院社会科学研究科マネジメント専攻准教授
　　　　　　　第6章

　中見　真也　学習院大学大学院経営学研究科経営学専攻博士後期課程
　　　　　　　メーカー勤務
　　　　　　　第7章

　張　　　婧　広島大学大学院社会科学研究科研究員
　　　　　　　第8章

　森　　哲男　首都大学東京大学院社会科学研究科経営学専攻博士後期課程
　　　　　　　マーケティング戦略コンサルタント
　　　　　　　第9章

　森　　一彦　関西学院大学専門職大学院経営戦略研究科教授
　　　　　　　株式会社大広，ビジネスプロデュース局プロデュースセンター，
　　　　　　　プラニングディレクター
　　　　　　　第10章

　今村　一真　茨城大学人文学部社会科学科准教授
　　　　　　　第11章

藤岡　芳郎　大阪産業大学経営学部商学科教授
　　　　　　第12章，第13章

西　　宏樹　広島大学大学院社会科学研究科研究員
　　　　　　第14章

〈編著者紹介〉

村松　潤一（むらまつ・じゅんいち）

広島大学大学院社会科学研究科教授　博士（経営学，東北大学）
〈主な業績〉
『価値共創とマーケティング論』（編著，同文舘出版），『経営品質科学の研究―企業活動のクオリティを科学する』（分担執筆，中央経済社），『サービス・ドミナント・ロジック―マーケティング研究への新たな視座』（共編著，同文舘出版），『顧客起点のマーケティング・システム』（編著，同文舘出版），『コーポレート・マーケティング―市場創造と企業システムの構築』（単著，同文舘出版），『スマート・シンクロナイゼーション―eビジネスとSCMによる二重の情報共有』（分担執筆，同文舘出版），『中国における日系企業の経営』（編著，白桃書房），『ベーシック流通論』（共編著，同文舘出版）

《検印省略》

平成28年3月25日　初版発行　略称：ケース価値マーケ

ケースブック
価値共創とマーケティング論

編著者 © 村　松　潤　一
発行者　　中　島　治　久

発行所　同文舘出版株式会社
東京都千代田区神田神保町1-41　〒101-0051
電話　営業 (03)3294-1801　編集 (03)3294-1803
振替 00100-8-42935　http://www.dobunkan.co.jp

Printed in Japan 2016　　　印刷：萩原印刷
　　　　　　　　　　　　　製本：萩原印刷

ISBN 978-4-495-64821-3

JCOPY 〈(社) 出版者著作権管理機構　委託出版物〉
本書の無断写写は著作権法上での例外を除き禁じられています。複写される場合は，そのつど事前に，(社) 出版者著作権管理機構（電話 03-3513-6969，FAX 03-3513-6979, e-mail: info@jcopy.or.jp）の許諾を得てください。